蒋廷黻文存

蒋廷黻　著
傅国涌　主编
傅国涌　编

责任编辑：吴婧
封面设计：知尧视觉
责任印制：刘苗苗

图书在版编目（CIP）数据

蒋廷黻文存 / 蒋廷黻著 ；傅国涌编. -- 北京 ：华龄出版社，2011.1
（遗忘的文存）
ISBN 978-7-80178-798-9
Ⅰ. ①蒋… Ⅱ. ①蒋… ②傅… Ⅲ. ①社会科学—文集 Ⅳ. ①C53
中国版本图书馆CIP数据核字（2010）第257370号

书　　名：蒋廷黻文存
作　　者：蒋廷黻 著 傅国涌 主编 傅国涌 编
出版发行：华龄出版社
印　　刷：北京中创彩色印刷有限公司
版　　次：2011年1月第1版 2011年1月第1次印刷
开　　本：720mm x 1020mm 1/16　　　印　张：13
字　　数：180千字
定　　价：29.80元

地　　址：北京西城区鼓楼西大街41号 邮　编：100009
电　　话：84044445(发行部)　　　传　真：84039173

出版说明

《遗忘的文存》（四种）收录了程沧波、毛子水、蒋廷黻、陈纪滢四位先生生前已经发表的文稿，包括评论、人物回顾、历史事件等多方面内容。这些文稿大多成稿于1949年以前，也有部分写作于上世纪五十年代至八十年代初期。实为不可多得的珍贵历史资料，具有一定的研究参考价值。

这批文章系首次以简体字版方式印刷出版，考虑到作者生活的历史年代和读者的习惯，在编辑出版过程中，我们在力求维持文稿的原貌的同时，在编写体例上尽量做了统一：

一、将文稿中的民国纪年统一为公元纪年；

二、凡文章题目后注明“节选”的，表明该篇文章不是全文；

三、由于现实原因，对文章中个别词语在不改变原意的前提下做了些微改动；

四、对涉及到的台湾行政单位，按大陆行文习惯进行了标注。

尽管如此，文中仍会有使读者读起来感觉不太习惯的地方，敬请读者充分考虑文章的成稿背景，予以谅解。

蒋廷黻：书生论政到书生从政

傅国涌

蒋廷黻，“中等身材，长着中国人的团圆脸，由于思路敏捷而显得英俊潇洒。”在一九四九年前的学界、政界，他都是一个非常著名的人物。他是历史学家，以主张史学改革名动一时，是公认的中国近代外交史专家和这一研究领域的开拓者。他著作不多，其中影响最大、流传最广的是他在一九三八年花了两个月时间，“对我国近代史的观感”所作的一个“简略”的“初步报告”——《中国近代史》，正是这本小书和他编辑的《近代中国外交史资料辑要》，以及他在南开大学、清华大学将新观念、新方法引入史学教育和研究的努力，奠定了他在中国近代史研究领域的学术地位。他由整理、研究近代中国外交史而进一步登上外交舞台，由中国驻苏大使，到晚年出任“驻联合国代表”、“驻美国大使”，他以“知外交”而闻名于世，成为一位重要的外交家。他是二十世纪上半叶专家从政的一个典型，与翁文灏、叶公超、王世杰、朱家骅等人一样，都曾受到国民党政权的重用。

因为他的从政经历，他曾长期被遗忘。一九八七年，岳麓书社重印他的《中国近代史》，陈旭麓在前言中指出要“存其文而原其人，不以其人的政治立场而抹杀其学术的成就，也不因今天的需要而去涂改前人的文字”。我之知道蒋廷黻其人就是从他的这本书开始的。五万多字的篇幅虽小，却代表了一个时代的学术水准，帮助国人清楚地认识本民族风雨沧桑、充满波折的现代化进程，曾产生广泛的社会影响。一九四八年，推荐“中央研究院”院士候选人时，傅斯年在给胡适的信中称蒋廷黻“近代史尚无第二人”。郭廷以称他是近代中国史研究“开山的人”，“开创新的风气，把中国近代史的研究带入一个新的境界，特别是给我们新的方法与新的观念。” 李济在悼念他的文章中说他“为中国近代史……建立了一个科学的基础，这个基础不只是建筑在若干原始材料上，更要紧的是他发展的几个基本观念。”

蒋廷黻一八九五年十二月七日生于湖南宝庆（今邵阳）一个薄有田产的农家，从祖父一代起，就兼营铁器铺。他六岁丧母，但受到了继母的善待。父亲“很有经商的天才，而且是一位民间领袖”，经常为乡里邻居“排难解纷”。对他早年人生历程影响最大的是他的二伯父，这位二伯父决心要他“努力读书，求取功名”，安排他到教会学校上学，从小就开始学习英语，接触新学，一九一一年他成了一名基督徒，也奠定了入世、用世的人生观。他曾对费正清说，他的学术航程的起点应归功于湖南的美国长老会所办学校的一位女教师，在一九〇六年——一九一一年间，他只有十来岁，她帮助他学英语，然后又帮他赴美国留学深造。

一九一二年，他十七岁那年只身赴美，经过三年半的半工半读才读完中学。一九一四年至一九一八年在俄亥俄州的奥柏林学院就读，主修历史学，获学士学位。毕业后应基督教青年会征召，到法国为法军中服务的华工服务。一九一九年夏天重返美国，进哥伦比亚大学研究院，一九二三年获哲学博士学位，四年中接受了作为“新史学”基石的进化史观。

一九二三年，蒋廷黻学成回国以后先在南开大学任历史系教授，得到了张伯苓校长的赏识和支持。那时他已开始在教学之余研究中国近代外交史，张伯苓在经费困难的情况下，“仍肯拨款购置已出版的史料”，使他终生难忘。 他之所以能在南开完成《近代中国外交史资料辑要》（上卷）与这种支持是分不开的。这是第一部不依靠英国蓝皮书等外国文件编辑的外交史资料， 目的是使中国外交史研究学术化，他自述“研究外交文献六年使我成了这方面的专家”。可以说南开六年奠定了他中国近代外交史乃至近代史研究的基础。

从十七岁到二十八岁，他在美国学习、生活了十一年之久，比一般留学生受到过更多西方文化的熏陶，属于受西潮影响至深的一代知识分子，带回了新的观念和方法。但由于他少年时代就离开中国，连汉字都写得很蹩脚。回国以后，他从读四书五经开始，进而研读《资治通鉴》和古典诗词，中文写作也是在这里速成的，所以他的文字虽然表达清楚，逻辑严密，但文采并不怎么样。

一九二八年，“五四”运动的学生领袖罗家伦出任清华大学校长， 认为“罗致良好教师，是大学校长第一个责任”，一九二九年五月，他亲自到南开邀请蒋廷黻来领导清华相当重要的历史系。蒋对南开依依不舍，没有答应去清华，罗便坐着不走，熬了一夜，蒋终于答应了。

蒋廷黻刚到清华时，曾找公认的汉代史权威杨树达先生教汉朝历史。他说：“杨教授，你能给学生和我正确扼要地讲一讲汉代四百年间都发生过什么事，汉代重要的政治、社会和经济变化如何吗？”名闻天下的杨先生居然面有难色，表示自己从未想过这些问题，书中没有讨论过。

留美十一年的蒋廷黻吃惊地发现，西方的史学经过长期积累，早已形成一套大家共同接受的历史知识。但中国的史学只有丰富的史料，对历史缺乏一个整体的理解和共同的规范。每个人都是专家，研究都是从头开始，往往重复别人的工作，进步有限。他大刀阔斧地进行改革，大胆发掘、起用一批年青有为的学者如张荫麟、吴晗等开新课。

他在清华六年先后兼任历史系主任、文学院院长等职，在他的领导下，清华大学历史系改变了“治史书而非史学”的传统研究方法，隐约形成了与王国维、陈寅恪迥然不同的另一个新的清华学派：重综合、重分析、重对历史的整体把握。他本人就是这一学派的身体力行者，薄薄的一本《中国近代史》，将史料都吃透了，融合在他对历史的独到看法之中。美国著名的中国问题专家费正清回忆，一九三二年初次见到蒋廷黻时，蒋才三十六岁，却“已经执中国近代史研究之牛耳”。

清华六年他继续研究中国近代外交史，一九三四年完成了《近代中国外交史资料辑要》（中卷），这是一部编辑精当、卷轶浩繁的外交史资料集，上、中两卷共收入一八二二年到一八九五年间的重要外交文献七百九十九篇。他还收购散藏于民间的档案，编辑道光、咸丰、同治三朝《筹办夷务始末补遗》（同治五年以下未编成），逐渐形成了一套中外关系变化如何影响中国近代历史进程的看法。他是个惜墨如金、不轻易下笔的人，清华时期恐怕是他一生中写作最多的，他的那些出色的专题论文大都是在这一时期完成的，如《评＜清史稿·邦交志＞》、《琦善与鸦片战争》、《最近三百年东北外患史》、《中国与近代世界的大变局》等，对中国近代史的许多重要问题都有自己的见解，有的几乎是大翻案。

但他并不是一个埋头书斋，不问世事的知识分子，他心目中的理想人物是那种敢于担当、敢于牺牲、敢于行动的经世之士，比如曾国藩，他感到惋惜的是曾生得太早，对西方文化、现代化不甚了解。他认定，知识分子要做现代人，而现代人是动的，不是静的；是入世的，不是出世的。 这些观点后来都包容在他的近代史研究中。因此，李敖为《蒋廷黻选集》写的序言中说："当然他所要求于知识界的，是动态、是入世、是事业、是实物、是书本以外、是主义以外、是文字以外、是'清议'以外、是生产、是与小百姓同一呼吸。……这种真正的民胞物与经世致用的精神，才是蒋廷黻的真精神，才是蒋廷黻要求于中国知识阶级的真精神。"

以一九三五年十二月为界线，蒋廷黻的一生大致上可以分为两半。他的前半生主要是历史学家，从一九二三年到一九三五年，虽然他最重要的著作是一九三八年写的，但主要观点在这个期间已经形成。他的后半生从一九三五年弃学从政开始，历任"行政院政务处长"、"驻苏联大使"、"行政院善后救济总署署长"、"驻联合国常任代表"、"驻美大使"等。晚年时，一位毕生做学问的老友毛子水问他："廷黻，照你看是创造历史给你精神上的快乐多，还是写历史给你精神上的快乐多？"他没有直接回答，而是反问：" 现在到底是知道司马迁的人多，还是知道张骞的人多？" 命运似乎和他开了一个大玩笑，他大半生试图创造历史， 并没有留下什么值得一提的政绩，而不经意间写下的一本小册子《中国近代史》，却在某种程度上成就了他做司马迁的梦想。在清华教书期间，他本想用十年时间写一部近代史，这一宏愿终于因为半路从政而未成。《近代中国外交史资料辑要》下卷最终也没有完成。

清华六年，他不仅显示了学术上的实力， 行政才干也得到一定展现。作为研究外交史的专家，他发表的有关内政外交的独特见解，引起了蒋介石的注意。他与胡适论战时期发表的主张专制的文章恐怕也甚得蒋心。这就无怪一九三三年夏天到一九三四年六月蒋介石三次约见他。一九三四年七月，他受蒋介石委托以非官方代表身份出访苏联、德国、英国。一九三五年末，蒋介石亲自兼任"行政院长"，即任命非国民党员的蒋廷黻担任"政务处长"。

从此他告别清华，踏上了弃学从政的不归路。上任不久他曾写信给美国的费正清，"就生活而论，我更加喜欢当教授。当我回想起与充当教师有关的悠闲的生活、书籍和著作之际，有时我不禁潸然泪下。"然而一个大学教授，从书生议政到书生从政，即使想重操旧业也几乎没有可能了。好在他认为做官只是尽一个公民的责任为国家服务罢了。他之弃学从政丝毫也没有装腔作势、半推半就，就如他当初进清华时一样，他进政府也大刀阔斧地倡导改革。短短三个月中，他对政府部门的结构作了一番研究， 发现机构臃肿、叠床架屋，大大影响了行政效率。尤其是国民党的中央政治委员会与行政院的功能重叠交叉，互相摩擦。蒋介石要他拿出改革建议来，他拟了一份精简机构的方案，却遭到官僚、政客的激烈反对。 他仿照西方的做法，提出征收所得税时，必须以真实姓名登记财产，但到处游说，竟然无人响应。曾与蒋廷黻在联合国共事过的澳洲外交官这样评价他：“他是一个简单的人，不复杂的人 。他像一头牛，充满着笨劲，一直往前冲，眼睛只往前看，这使他能够排除万难而达到他的目标。这是他的可爱之处，也是他成功之处。”

他曾热烈地鼓吹开明专制，以为民主行不通，没想到正是专制政体，成了他所追求的行政效率的最大障碍。起码到一九四九年，他已意识到了这一点，那年十二月他在美国筹组“中国自由党”，在蒋介石的扼制下，很快就流产了。花十年时间写一部中国近代史一直是他最大的志愿，这个念头让他一生都魂牵梦萦，已完成的《中国近代史》只是“一个初步报告”，不料却成了他学术生涯的句号。一九六五年他告别官场，曾计划到台湾地区“中央研究院”近代史研究所继续研究，不幸当年十月九日就在纽约病逝，终年七十岁。

他从一个有成就的历史学家，一个自由主义知识分子，以不惑之年步入政坛，追随蒋介石，热切渴望能有所作为。无论是任职“行政院”，还是驻外使节，虽然他的学养、见识、才能都是合适的人选，但是在风波起伏的时代大潮中，他以书生从政，试图力挽狂澜是根本不可能的。何况在波谲云诡的权力舞台上，书生气十足的他无法做到左右逢源，一九四六年九月二十七日王世杰在日记中说：“廷黻为一有能力而不爱钱之人，但因其夙为孔庸之工作，为子文所不喜。”一九六〇年四月二十八日王世杰日记对他有这样的评价：“廷黻在联大十多年，辩论能力诚非中国一般外交人员所能逮，但对中外人士似均无‘人缘’，且虚荣心似亦太重，此其弱点。”其时正炙手可热的政要陈诚也说他“不易合作”。

“人缘”不好也好，“不易合作”也罢，都是说他恃才傲物，这既是他的缺点，也可以说是他的优点。正因为如此，他才能做到不随波逐流，不同流合污。他至死都不愿加入国民党[①]，还发表过许多批评国民党腐败和政策失当的言论，始终坚持了一个知识分子的独立品格。然而覆巢之下，焉有完卵？蒋介石政权在大陆的崩溃就注定了他的命运，无论是作为行政干才，还是作为外交家，他的政治生涯都只能以失败告终。他的政治选择也决定了他将长期被打入另册，无论是在身前，还是身后。当然，“存其文而原其人”，政治态度并不是评价一个知识分子的唯一标准，抛开政治的是非，起码作为历史学家，蒋廷黻应该得到公正的评价，应该有他的学术地位。他对中国史学的贡献是多方面的，首先当然是他传世的著作《中国近代史》，他那些有分量的论文，他编的《近代中国外交史资料辑要》；其次是他在清华大学进行的史学改革，树立起全新的范式，培养了一代新人，这些在中国史学史上都具有开创性的意义。

他的近代史著作和回忆录都已陆续出版，蒋廷黻这个名字在读书界已经并不陌生。作为一个知识分子，他一生中特别是上世纪三十年代留下的那些议论时政等问题的言论，还是今天许多人所陌生的。

一九三一年“九·一八”事变后，国难当头，他常常与胡适、丁文江、傅斯年等英美留学归来的自由知识分子聚在一起，讨论国事。在他的推动下，一九三二年五月他们创办了著名的《独立评论》周刊。几年间，他一共在《独立评论》发表了六十篇政论，有些同时还在《大公报》发表，这算是他书生议政的时期。这些文章迄今还没有在大陆结集出版过。

一九三三年十二月，他发表《革命与专制》一文。面对大大小小的军阀割据，连绵不绝的内乱，国不成国，他从欧洲近代历史演进中，发现了西方现代化的两部曲：第一是建国，建立集权的中央政府和统一的社会秩序，第二才是用国来谋幸福。他自称信奉的是“新式专制”，不是希特勒或斯大林那样的独裁，他崇拜的是土耳其现代化的开国领袖凯末尔，他是国家主义的热烈拥护者，赞成以一人的大专制取消数十人的小专制。胡适不同意这一观点，他们之间围绕着有关独裁与民主的问题展开了长达一年多的论争。

直到在苏联生活了很长一段时间后，蒋廷黻对民主和专制的看法才有所改变。一九四四年，他在《大公报》发表《观美国并回观祖国》一文指出，美国人现在发现，老祖宗留下的自由主义遗产，其实是立国之本。自由主义能发挥极大的保卫国家的力量，即使我们需要经济自由，也不能、更不应废除政治自由。他还写下了一句意味深长的话：“一个有政治自由的国家固然不能说就是天堂，一个无政治自由的国家确是地狱了！”

他的观点，我们未必都同意，但是，他对这个国家民族的诚意则是不容怀疑的。他让我们看到一个在专业上有一流表现的知识分子在大时代里如何思考问题，如何坦然地表达自己内心的真见解，其中关于教育、知识分子责任等问题的许多见解，即使放在今天仍然具有强烈的现实感，读斯文，想见斯人，更让人怀想那个时代，在内忧外患中，那些选择了不同道路、有不同观念的知识分子，无论他们有怎么样的分歧，他们身上都有一种坚定的担当，而且尽其所能做了各自的努力。

注：

①据唐德刚的《胡适杂忆》说，有“考据癖”的胡适晚年怀疑蒋廷黻可能加入过蓝衣社，因为一九五二年蒋介石曾让他转告蒋廷黻“还是回到革命党里来吧”，但没有证据，只是一种推测而已。

目录

第一辑

中国近代化的问题（节选）……2

论国力的元素……6

国家的力量——四十二年五月十四日在台大法学院讲演词……11

革命与专制（节选）……15

论专制并答胡适之先生……19

新名词・旧事情……24

《中国之农业与工业》序……27

中国的政治……28

提倡国货的治本办法……33

平教会的实在贡献……37

跋燕先生的论文……40

地方行政的几个问题……44

建设的出路不可堵塞了……47

北平的前途及古物的保存——“这一星期”之七……50

民族复兴的一个条件……53

青年的力量（节选）……56

非常时期之青年……59

第二辑

知识阶级与政治……62

漫谈知识分子的时代使命……67

我所记得的丁在君……71

追念梅校长……75

中国社会科学的前途……76

对大学新生贡献几点意见……80

陈果夫先生的教育政策……85

教育的合理化——“这一星期”之三……88

中国的教育……90
高等教育的一方面——对台大的一项建议（节选）……94

第三辑

九一八的责任问题……100
南京的机会（节选）……104
我们现在还有什么话可说？……107
国联调查团所指的路……109
长期抵抗中如何运用国联及国际……114
我们目前对于中央最要的希望……118
这一次的华府会议……121
热河失守以后……125
九一八——两年以后……129
外交与舆论……133
帝国主义与常识（节选）……136
国际现势的分析……141
论“日本和平”……145

第四辑

经过“满洲国”——欧游随笔之一……150
车窗中所看见的西比利亚——欧游随笔之二……155
观莫斯科——欧游随笔之三……158
观列宁格拉——欧游随笔之四（节选）……163
赤都的娱乐——欧游随笔之六……168
出苏俄境——欧游随笔之八……172
俄德的异同——欧游随笔之九……176
矛盾的欧洲……180
政治自由与经济自由……187

第一辑

中国近代化的问题（节选）

近代世界文化有两种重要的特别：一种是自然科学，一种是机械工业。这两种特别引起了许多政治经济社会的变迁，如大规模的民治，兼领数洲的大殖民帝国，资本阶级与劳动阶级的斗争，支配世界市场的大公司等。上次世界大战以前，全世界的文化发展似乎有共同的趋势：素不行政治的国家如中国、日本、土耳其、俄罗斯都像望着民治走；未曾使用机械的国家也步步的踏入工业革命的园地。却是大战以后，经苏联的革命，意大利，德意志，日本诸国的法西斯运动，世界的政治经济制度反而背道而驰了，至少是各向各方去了。现在世界没有共同的趋势，所谓近代文化究竟是什么，各国亦有各国的说法了。虽然，此中有一点我们必须注意：斯塔林与希特勒在政治经济的立场上虽一个站在北极，一个站在南极，两人对于自然科学及机械工业都是维护的。世界的一切都可革命，谁都对于自然科学及机械工业尚未闻有革命之声。左派的，帝国主义者与反帝国主义者；男的，女的；白种，黄种；老年，幼年，没有一个肯树反自然科学和反机械工业的旗帜。所以我们如说中国必须科学化及机械化，并且科学化和机械化就是近代化，大概没有人反对的。

这种科学机械文化发源于欧洲西部，近代史就是这种文化的发展史，欧西以外的国家都被这种文化征服了。抵抗这种文化的国家不是被西欧占领了，化为殖民地了，就是因战争失败而觉悟，而自动的接受这种文化，胜利的抵抗是没有的，能利用这种文化来生产，来防守国土者就生存；不能者便灭亡，这是近代史中的规律，没有一个民族能违犯的。

关于欧西以外的国家接受科学机械文化的过程，有几点值得我们的注意。第一，接受越早越便宜，越迟越吃亏。在同治光绪年间——十九世纪的后四十年——远东历史的最重要事实是中日两国近代化竞争，在那个竞争之中得胜者一切都得胜了，失败者一切都失败了。十八及十九世纪俄罗斯及土耳其的形势亦复如此，俄国能占领黑海以北的土地是因为大彼得在十八世纪初年为俄国立了近代化的基础，近代化的迟早快慢和程度是决定近代国家命脉的要素。

第二，科学机械文化从西欧向外发展的区域有两种。一种是土著的人很少，西欧人移居其中，把这种文化带去了，美洲及澳洲之成为西欧文化区域是因为美洲及澳洲成了西欧人居住的区域。另一种是人口稠密，西欧人不能移殖的区域，如东欧、中国、日本、印度。西欧人的势力到这些地方去的是政治经济的，不是移民的，这些地方能否近代化须看地方人民自己的努力。第一种区域近代化的过程是简单的，自然的；其经验没有可资我们借镜的。第二种区域的近代化都是从艰难困苦内忧外患交迫中得来的，其过程之富有色彩和戏剧性是历史家和政治家不能也不应忽视的。

印度在近代史的前几幕就亡国了，我们可以置之不论，余有四国可资比较，即中国、日本、俄国、土耳其。这四国的经验有紧要的共同点，四国近代化都是自上而下的，俄国近代化的发起人是大权独揽的大彼得。日本近代化的发起人是少数贵族的政治家。中国近代化的发起人是同治年间的权贵，在内恭亲王奕䜣和大学士文祥，在外长江的督抚曾国藩李鸿章左宗棠。土耳其近代化的发起人是少数留学西欧的知识分子。在四国，群众都是反对近代化的。这不是说这四国的群众是比别国的群众特别顽固，无论在哪一国，群众是守旧的，创造是少数人的事业。在辛亥年，如果全国对国体问题有个总投票的机会，民众十之八九是要皇帝的，现在的民众如有全权决定要不要修汽车路，大多数会投票决定不要汽车路。数年之前，如苏联的民众能自由选择集耕或分耕，百分之九十是要维持分耕的。基玛尔假使遵从民意，土耳其妇女的解放就不会实现了。我们在欧西文化区域内受过教育的人不知不觉的接受了那个区域内的民意哲学，忘记了我们所处的境遇完全不同。英法德美各国进步上的再进步是可迟可早的，至少不致成为国家存亡的问题。欧西文化区域以外的国家则不能不积极的推动各种反民意的改革。

在中、俄、日、土四国之中，近代化即是自上而下，并且常违反民意，改革的推动不能不赖政权的集中。从这四国近代化的过程，我们可以得着一个共同结论：政权愈集中的国家，其推行近代化的成绩愈好。所谓好，就是改革的程度愈彻底，愈快速，没有大彼得的横暴——不仅专制——旧马斯哥的守旧势力是不能打倒的，俄国或要保存韃靼的、东欧的文化直到拿破仑大战的狂风暴雨，十八世纪的宝贵光阴将整个的空费了。在民族的竞争之中，百年的落伍是不易补救的。大彼得虽于死前未得着俄国人的感激，他是俄罗斯民族的大恩人，这是无容疑问的。

日本明治的维新与我国所谓同治中兴有一个极大的差别。日本的维新是以政治革命为基础的。尊王派的政治目的达到了以后，政权才集中，维新家始得以天皇的尊严来号召全国。因为天皇的尊严到了绝顶，所以日本的维新家无须倡一党专政，无须用密探和恐怖。同光年间的中国名为统一，实不统一。曾李左诸人的事业不是国家通盘筹划的事业，李鸿章在北洋负创设新陆军和新海军的责任，但他的财源可靠的仅北洋一隅，其他各省的协饷要看李的势力和李与其他各省督抚的私人关系。京内的御史老爷们，甚至各衙门的胥吏及内廷的太监都能和他捣乱。到了甲午，尚有北洋舰队敢与日本一战，李鸿章已算大成功了。只有绝顶天才始能创造新事业，始能为民族百年大计。这些天才，因为没有集中的政权做后盾。不知道历史上有多少被庸人和群众反对而消没了。

土耳其在革命以前的维新很像中国在前清末年的维新，三心二意的维新，成绩很少，费用很多，整个国家几乎为这样的维新所灭亡。等到基玛尔用严密的组织统一了政权，又利用这政权来打倒一切步骤不齐的行动，然后土耳其始真正的复兴了。

民国以来，我们一面想要接受近代的科学和机械，一面又因内战把国家割裂了，政权分散了，所以国运反而在革命以后遭更严重的打击。自国府定都南京以后，我们才慢慢的从艰难困苦之中建设了近代化的最低限度的基础，那就是说，政权慢慢的统一了。我们不必讳言，这种统一还有不健全的地方，还有待我们努力和牺牲来完成的地方。但是近代化的问题关系民族的前途太大了。无论牺牲多大，我们不可顾惜。不近代化，我们这民族是不能继续生存的。不统一，我们的近代化就不能进行。统一而政权不集中，或集中而运用不大胆、不猛烈，则近代化虽进行而不能快。那末，我们落伍的途距就不能追上了。

所谓自然科学和机械工业不是少数学者和学校的事业，也不是几个都市的事业。我们有时因为近年理工两科的学生和设备加多，就心满意足，以为中国就近代化了。其实中国近代化的程度是很可怜的。说农业：中国的农民与近代的科学可说是不发生关系的。说行政：仅少数上层机关有几分近代化的皮毛，余则因循度日。说工业：就是大都市里面的大工厂尚且有用中古的管理方法来使用近代的机器的。倘此后政府不加以督促和鞭打，我们的生产事业都会被国际竞争所淘汰。

我们近年在各方面确有相当的进步。但是我们的进步离应付国难的程度还远呢。我们的外交内政，大干、冒险的干、革命的干，或者干的通；小干、三心二意的干，就会干不通了。所以在纪念民国二十五年的时候，我愿全体同胞从大处着眼，为民族谋百年的大计，拿出我民族的伟大精神来。（转载《大公报》二十五年国庆特刊）

——选自《独立评论》第二二五号（一九三七年北平出版）

论国力的元素

国际的战争或竞争都是国家力量的比较，此次的抗战经验及近月来世界局势的发展，无不使我们觉得当前最宝贵的东西莫过于国家的力量。此后无论我们是规划政治制度，学校课程，交通建设，经济发展，或是文化指导，礼俗厘定，甚至于私人的恋爱，娱乐诸问题的解决，我们都应该以国力为我们最高的标准。倘若道德与国力相冲突，我们应该即刻修改我们的道德观念。假使某种最大的国粹阻碍我们国力发展，我们也应该火速割爱，把那种国粹抛弃毁灭。我们希望我们心目中的“新经济”，就是国力学。

提及“力”，国人免不了连想起“暴力”，因为我们这个古老的民族久已视文弱为自然，甚至于为高尚。为避免这些先生们的误会，我先声明：国力不等于暴力，然而暴力是不可鄙视的，而且也是国力的元素之一。陈独秀先生多年以前曾说中国人应该野蛮化。我以为这是独秀先生的学术的最高峰，可惜他以后没有专心去推行野蛮化运动，否则我们近日的抗战力量尚可提高几分。不但抗战力量可以提高，就是我们的社会和私人生活也干净些、健康些。野蛮人有野蛮人的礼义廉耻，其所不同于文弱人，甚至于文明人的礼义廉耻者，就是野蛮人的礼义廉耻是天真的，文明人的礼义廉耻是虚伪的。野蛮人的勇敢是肉体的，是敢作敢为；文明人的勇敢容易流为口头的，笔头的，不是自己上前线的，是鼓励他人上前线的。

在九月下旬的欧洲风波之中，只有德国和苏俄表示不畏战，英法两国的人民至于谈战色变。这不是偶然的。苏德两国虽然好像北极与南极的对立，两国近年的教育方针和政治经济设施，正如前文所言，完全以国力为其最高标准和最后目的。苏俄的两个五年计划及德国现所推行的四年计划都是国防计划。两国的教育方针均企图预备青年的体智德为健全士兵。斯达林和希特勒两人竭力鼓励妇女生育，其用意亦不外备战。英美法各国的人民则太贪图安逸了。虽然，这些民治国家还没有到不可救药的田地，他们还只到文弱的初期。譬如英国前外相艾登一面提倡国际的新生活，一面大声疾呼的主张扩军。他在未下野以前及在既下野以后，屡次警戒其国人说，民治的前途在于爱好自由的人民能否自动的守纪律，受劳苦，肯牺牲，如同全能国家的人民一样。此公把文化前途的问题看透了。民治的国家的任务莫大于发展国力。

三民主义的中国更应及时树立以力立国的标准。我们入手的工作是心理的改革。我们要承认弱是可耻的。无论是国家的软弱无能或是私人的软弱无能都是天下最可耻的事情。诗词、书法、风雅、理学、汉学这些东西都可以不要，唯独国力不可不追求。我们要承认力本身是宝贵的，高尚的。我们要看清国力包括暴力、野蛮力、战斗力。这种认识是提高国力的基础。

地大物博民众是国力的物质元素。这是常识所承认的，无须多加讨论。我们的地之大，物之博虽不及英美苏三国，却不在任何其他国家之下，而我民之众则又远超这三个国家。我们国力的物质元素是比较充足的，大可有作为的。不过物质元素必须配上种种的精神元素，否则国力仍不能发扬。甲午之战，中国以八倍日本的人口，三十倍日本的土地仍遭惨败。一九一四年帝俄以四十倍德国的土地，二倍半德国的人口尚不能当德国的军力的三分之一。历史上同类的例子多极了。国力的精神元素或者比物质元素还重要。

精神元素不外文化程度和民族团结两种，从我国的需要观察，所缺乏的文化是近代的文化。抗战以来，有一件可慰的事情，那就是没有人提倡以大刀队来应战。足证国人对于时代的认识已有很大的进步。目前国内没有人不渴望军备充分的现代化。不过现代的战争不仅是军队与军队的战争，实是全民的战争。有了现代化的军队而没有现代化的工业、交通，和政治，还是不济事的。要想政治经济的现代化又不能不有现代化的教育。我们还可以进一步的说：一个国家，其政治经济教育不是现代化的，根本不能有现代的军备。同治光绪年间的曾国藩、李鸿章、左宗棠之所以失败，正因为他们只企图局部的现代化。因为如此，连他们所希望现代化的局部都不能现代化了。帝俄之败于德是局部的现代化败于全面的现代化。一国的军备是一国全体人民的体力、智力、生产力、组织力的总集合。全盘生活现代化了，军备自然而然的现代化了。我们若要提高国力，我们不能不火速促进全体人民的全盘生活的现代化。

所谓“近代文化”的特征是科学。工程和机械都是科学的实用。我们所提倡的现代化就是科学知识、科学技能、科学的思想方法之普遍化。国内人士注重科学者日见其多，然而我国的近代化仍是很有限的。最大的阻力莫过于我们的重文积习。张君劢先生近在华中大学的讲词中说我们有“文字病”，往往把文字当作实物。他很尖锐的批评这种毛病：

“这个毛病，是渊源于几千年来士大夫过重书本与文字的结果。他们几千年来读书作文，或作经义，或作策论，或作八股文，都是以文字优劣，定人之优劣。此种毛病，传至他方面，则开会时专讨论章程，内容必求其详备，文章必求其雅洁，而开会后的实际工作，大家漠不关心，只多让一二热心人去干罢了。甚至国耻纪念，亦依例以一篇文字来了事。文字的好不好是必须争论的；事实究竟怎样，大家是不注意的。这个病根就是士大夫的兴趣只注重书本与文字，而忽略了真实对象。”

张先生还没有谈到这个毛病的流弊。因为重文的恶习尚存在，所以有许多人一面提倡科学，一面又要青年读古文、写古文，日夜在那里呐喊，要学校注重国文，殊不知科学与国文是不能并重的。我们虽废了科举，但一切入学考试及政府机关和社会事业的用人仍偏重文字的知识。所以青年们以及他们的父兄师长不能不特别注重文字的学习。青年们在这种环境之下只好牺牲身体的康健和别的科目或技能的学习。

我国的文字原来比欧美各国的字母文字困难，而社会又把文字知识的标准定得很高。青年的文字负担之重实在可怜极了。我国小学和中学的课程在国文一门上所费的时间比欧美各国要多一倍，然而我们的毕业生使用国文的能力尚不能赶上欧美的同等学校毕业生。这不是因为我们的脑力不及人，完全是因为我们的文字难，和我们的文字标准高。除国文以外，青年为求学的便利，不能不学英文或德文法文。我们学英文到能读书的程度比法国人（或其他国人）学英文到同等的程度要多费三倍的时光。这种困难不但影响文人的教育，而且影响军官的教育！

到了抗战的时代，我们忽然发现，文字的能力究竟于国事无多大的补救。倘若此刻我们能把几百万能文的青年变为能驾汽车、或开飞机、或放炮、开坦克车、弄无线电、修路、修桥、造军火甚至于能救护伤兵的人员，我们的国力就能加增好几倍。在这一年之内，不知有多少热血青年懊悔自己专门技术的缺乏和身体的不强壮，致不能为国家出力。他们平日苦心苦力所学得的文字知识有什么好处呢？作宣传，如老百姓回头一问："你为什么不上前线？"有什么话可回答？战时的宣传工作本来应该留给老年和妇女们去作。文弱的青年在这个年头的烦恼可想而知。我们祖先所造的孽，除了强迫女子缠足以外，莫过于重文。以后我们如不降低文字知识的标准，彻底的废用古文，那不知我们还要枉费多少青年的宝贵光阴和心血，消磨多少的国力。

有人要说：抗战时期文字知识的作用虽然好像降低，却是战事完了以后，岂不是又要恢复常态？我们要知道：在我们所处的这个历史阶段之中，战争就是常态！所谓和平，不过是个备战时期，政治和经济斗争时期。时至今日，我们无法避免斗争。我们不能退守孤立，只能勇往直前的到斗争中去找出路。这是一整个历史阶段，绝不是三五年的事情。

国力的精神元素最要的莫过于精诚团结，而团结的最低限度和初步实现是政治统一。所谓统一，就是一个国家只有一个政府和一个军队。于国府之外去另设政府，或是于国军之外去另组军队：这是最毒的灭杀国力的方法。在民族生死关头之际，无论这种行为假借的名义或主义是什么，都是绝顶的罪恶。处今日而回想民国以来军阀及党派的割据，我们能不痛心吗？过去不必说了，以后我们应该记得凡破坏统一者，无论是彰明昭著的破坏，或是掩饰的破坏，都是民族的敌人，其罪恶不下于汉奸卖国贼。

我们此刻不但须从政权和军权统一之中去追求国力，我们更须进一步的谋经济的统一。以往经济的割据也是国力不能发展的主要原因之一。美国之所以能富甲天下大半靠她的四十八个联邦能组成一整个的经济单位。欧洲先知先觉的人们久已提倡学美国的先例，组织泛欧联合国。现代的经济必须有较大的地域单位始能发生效能。新经济与旧割据是势不两立的。现在我们的领土能资为国力的源泉者既大缩小，我们更须通盘筹划。举凡一切货币的、税收的、交通的、资源的把持，我们应该火速的调整。

政治和经济的统一尚不过是精诚团结的外架，其内心是民族一体不可分离的精神。这是国力的中坚，也是国防的最不可破的一线。上次德国大败以后，法国亟谋莱因区的脱离德国而独立。彼时德国已无抗战的能力，莱因区又在法国驻防军队的严密统治之下。法国在那个地方实能为所欲为。法国允许了莱因区经济合作的优待条件，并且答应莱因区的人民不负担任何赔款的责任。假使当时莱因区的德国人愿听从法国的指使，他们事实上能避免许多战后德国人所受的困苦，享受许多一时的便宜。但是在那种情形之下，法国的阴谋依旧失败了。因为什么？因为德国人不愿作外国人的傀儡。就是自己能占便宜，他们尚且不愿意。他们要继续作德国人。他们要与祖国同甘苦，不要离开祖国去享短期之福，萨尔区的德国人亦复如此。战后该区名义上暂归国际共管，实由法国统治。临到一九三五年公民票决的时候，无论法国如何利诱，无论区内的人民（多半是矿工）如何不满意希特勒及国社党，百分之九十七仍投票表示要回到祖国的怀抱。因为德国人有了这种民族精神，即使作战惨败了，国家的复兴是外人无法阻止的。我们在国力未充分发展以前，免不了有一个危险的过渡时期。在此过渡时期之中，最能维护民族生存的莫过于民族的精诚团结。这种国力全靠我们自己去发展，外人不能助我，亦不能阻我。

——选自《新经济月刊》第一期（一九三八年一月十六日重庆出版）

国家的力量

——一九五四年五月十四日在台大法学院讲演词

研究自然科学者，总不至专讲理论而不顾事实，更不会提出与事实相违背的理论。研究政治经济及人文学科的人，往往高唱理论全不顾事实。他们当中以为只要理论是高尚的，事实可以不问，这是一个很危险的态度。

近代世界的文明，无论在物质方面，精神方面，当然有很大进步。这是我们不能否认的事情。假使我们以为在文明进步时间，我们就可以不讲究国家力量，那就大大错误了。

我们打开历史一看，我们知道国际战争不限于某一时代或某一政治经济制度。资本主义国家在近一二百年内，确实推行过高度帝国主义，侵略过中国及其他许多国家。但是，在近代之前，我们也受过侵略，最显明的是辽金元的侵略，我们知道辽金元不但不是资本主义国家，简直就是游牧民族。满洲入关，他们也谈不到工业资本，他们是半游牧半农业民族。从欧洲历史上，我们知道石器时代的人，也曾经组织过国家，国与国间也相互并争，战争与侵略实在是各个时代，各种社会，各种政制所不能避免的。

现在文明已经进步了，六十个国家已经组织了联合国来制裁侵略者，来维持国与国之间和平。我们对于联合国宪章十分表同情，对联合国事业是十分合作。但是联合国仍旧是幼稚机构，联合国要演变到什么程度，今天没有人敢预料。今天我们可以看清楚的是：联合国没有力量维持世界和平，如果任何国家把它的生存完全依靠联合国，则简直是儿戏。

文明虽有进步，在今天，世界没有力量的国家，仍旧是不能共存的国家。我希望各位青年朋友，绝对不可一刻忘记这一基本事实。

我们所需要讨论研究的，不是国家究竟要不要有力量，而是研究国家力量的因素及培养方法。

国家力量的因素之一，当然是土地和人口。

关于这个因素的看法，问题不在乎承认不承认土地和人口之重要，而在土地和人口以外，国防政治经济的配合究竟怎样？面积和人口的统计来讲，十八世纪不到一千五百万人口的英国，居然把两万万人口的印度灭了。在道光年间，二千五百万人口左右的英国，把四万万人口的大清帝国打败了。在抗战以前，据专家研究，中国人不分男女老幼，平均每年生产力等于美金三十元到四十元，在那时候，美国人不分男女老幼，平均每年每人生产力是一千元美金，这等于说，二十五个中国人的生产力抵得过一个美国人，人口多土地广，若能够善于利用，当然是个大资本，不然，反变成负担了。

国家力量另一个因素是科学。

科学支配生产力，同时也支配国防力。现在最厉害的武器，当然是原子弹。世界国家中，能制造原子弹只有三个国家，英美苏。能大量生产原子弹的仅美国一国。原子弹不说，我们只说飞机，世界国家中能制造飞机的国家数目有限。别的国家如要建设空军，总是全部的、或局部的依靠这些能生产飞机的国家，有原子弹与没有原子弹的国家相比，不仅是不平等，简直是不同类。好像虎豹与牛羊一样之不同类。现在没有空军还能有国防吗？靠外国制造来建设空军，又何等危险！

无论从国防或经济着想，科学的重要，我想大家都承认的，我并非说科学万能，我也不能说单靠科学我们便可以建国，我可以说科学的作用简直是无限的，没有科学的国家是不能长久生存的。

我们稍为看看科学生产能力的伟大，英国和日本都不是出棉花的国家，因为英国和日本培养许多科学家和工程师，英国和日本都有很大纺织业，英日纺织品甚至在国际市场上都占很重要的地位。

德国不是一个地大物博的国家，没有石油、没有橡胶、没有锡、钨、锑。在第二次世界大战中，德国军队之机械化程度，不在任何国家之下。

丹麦面积比我们台湾岛面积大十分之一，人口只有台湾岛之一半，在一九五一年，丹麦进出口贸易达十七亿八千万美金，丹麦还只是一个农业国家。

比利时面积比台湾岛小三千方英里，人口与台湾岛差不多，在一九五一年比利时的国际贸易达四十五亿四千万美金，比利时是个工业国家。

台湾岛的经济事业近来实在有很大进步，现在岛上生产力及生活水准，在亚洲各国之上，却与欧洲一比起来，我们便差远了，我们可能发展的程度还是很高的。如果，我们把岛内生产力增加十倍，我们才可以与西洋国家比较。

国家力量还有一个因素，那便是政治。

政治统一的国家比较有力量，内部不统一的国家，比较没有力量。十九世纪初叶，奥匈帝国当时是世界五强之一，因为那个帝国内部分裂，今天简直不存在了。法国物产丰富，科学发达，第二次大战后，法国的经济也有长足的进步，但是法国政治派别很多，没有一党能够单独组阁，所以他政府寿命总是几个月，这是法国国力所以不能充分发挥的最大原因。在第一次世界大战的头两年，法国党派的竞争仍旧不停，以致国力薄弱。到了一九一七年，由克列孟梭领导，法国人组织了所谓神圣团结Union Sacrieo 全法国的人民，不分党派，团结起来，只求打退德国的侵略者，关于其它一切的争执，能搁置则搁置，不能搁置则彼此退让，法国终究转败为胜。今天我们所需要的是这种神圣团结。

内部的统一也有各种不同的方法，希特勒墨索里尼及日本军阀，关于统一国家工作做得最彻底，但是因为领导不得法，在第二次大战中，三国都战败了。苏俄今天内部是百分之百的统一，他这种统一，利弊参半，表面上看起来很强，但是我认为这种政治力量是不能持久的，因为它这种统一是死板的、违反人性的。

从国家力量着想，究竟那一种制度好？政治学家到今日还没有任何一个原则可以贡献给我们。大体说来，我认为民主政治是最有力的政治。民主政治的推动要靠朝野之通力合作。有人说，英国政治的高明全在乎英国人承认反对党，不但有权力反对政府，并且有责任反对政府。不过事实上不是这样简单，在英国政治历史上，最要紧的奥妙，是英国政治早就培养一种负责的反对。政府要民意支持才发生力量，反对党也必须有民意的支持才发生力量。如果反对党员唱高调或为私人或小组织谋利，久而久之，人民必要厌弃这种反对党。中国政治最大问题，一则在反对党是否有法律上反对的权利，二则在反对党的反对是否负责任的，具有建设性的及能代表民意的。

革命的国家都喜欢谈政治制度，这是很自然的事。每次经过一段革命，必有新制度的产生。到这个阶段，许多讲新政者，好像打图案盖房子一样，结果许多新制度在社会上不能生根，运用起来，一点不灵活。有的时候，制度虽然是新的，运用的精神还是旧的，结果，有旧的坏处，而无新的好处，其实政制是一种有机性的东西，要适宜于当地的土壤及气侯，那就是说，要适合人民生活习惯、知识水准及政治经验。政治设施不能根据抽象主义，革命是不得已的事情，改革也需要时间。有些国家因为有了革命而复兴，有些国家经过一次又一次革命而至于灭亡。政治制度和政策与国家力量生长是有很大关系。

文艺也是国家力量一种重要因素。

法国今天国际地位得力于法国的艺术创作不少。波兰民族精神保存以至亡国后一百五十年而复兴，不能不部分归功于萧邦（chopin）的音乐。瑞典、挪威，因代代有伟大文学家出现，在西洋精神生活上总居先进地位，这两国的武力与经济力不能算为头等，在国际间却能得到各国钦佩。所以在近代外交中，文化水准是重要工具。我在纽约常看见某一国的画展和某一个大文人到了纽约，不但联合国各代表，就在一般纽约居民，对这一国的尊敬，自然就提高了。我们曾经出过伟大文学家及伟大的画家，我相信我们中华民族有文艺天才，问题在我们是否能诱导青年兴趣到文艺方面去？是否能对文艺有兴趣的青年给他们相当机会与鼓励？我们社会今天是否尊重文艺作家？我们风气是否适合大作品的出现？要鼓励及提高一国民族精神力量，其工具莫过于文学或艺术，我们现在处境是我们几千年来最大危机，我们当然要军力、经济力、政治力，同时我们也需要很伟大的精神力量，这种力量不能不求诸我们的文艺家。

大国有大国的便宜，国家大小与存亡关系是很密切的，政治的高明，经济生产力之优厚，及一般文化水准之高尚，世界国家中没有超过捷克，究竟因为他太小了，所以在过去几十年中一次亡于德国，最近又亡于苏俄。

假使人口相等，面积相等的国家，他们间的等级决定于：①科学的运用及生产力量之培养，②全体人民能真心诚意拥护的政治制度，③精神文化，因为这些因素不同，我们常常发现同样人口同样面积的国家间，差别也很大。近十几年来，因为工作关系，常与外国人士往来，我得着了一个坚决的信仰，那就是说：我们中国人是一个有作为有前途的民族，在科学政治及文艺各方面，我们的天才是无问题的，问题全在于天才的发挥。

——选自《当代名人讲词选》（一九五八年六月光复杂志社出版）

革命与专制（节选）

自闽变的消息传出以后，全国人士都觉得国家的前途是漆黑的。中国现在似乎到了一种田地，不革命没有出路，革命也是没有出路。

你说不革命罢，这个政府确不满人意。要想使它满人意，单凭理论是不行的。倘若你手无枪杆，无论你怎样有理，政府——上自中央，下至县市——充其量，都是忌而不顾的。因为政府倘若要顾的话，不是政府里面的人的私利受损失，就是外面有枪杆的人的私利受损失。胡汉民先生近来说，政府这两年来没有作一件好事。这句话，一方面是过分，一方面是不足。过分，因为好事确作过，但不济于事，且所作的好事恐怕还抵不过所作的坏事。不足，因为不但这两年的政府是如此，近二十年的政府何尝又不是如此？其实，中国近二十年来没有一个差强人意的政府，也没有一个罪恶贯盈的政府。极好极坏的政府都只在地方实现过，没有在中央现实过。因为中央就是有意作好，他没有能力来全作好：中央就是有意作恶，它也没有能力来作极恶。这二十年来，从袁世凯起，各种党派，各种人物，都当过政，大多都是如此的。照我个人看起来，就是北洋军阀如袁、段、吴、张，都是想作好的，但都是无了不得的成绩可言。因为他们的力量都费在对付政敌上去了。在对付政敌的时候，他们就不得不牺牲建设来养军，不得不只顾成败，不择手段。问题不是人的问题，是环境的问题。在这个环境里，无论是谁都作不出大好事来。中国基本的形势是：政治不统一，政府不得好。

你说革命罢，我们的革命总是愈革愈不革。假若我们说，我们有个真实为人民谋利益，为国家求富强的革命党，他能济事么？在现今割据的环境之下，它能以全盘精力来改造社会么？它断然也是不能的。它的精力也会费在对付政敌上。它也必须打仗，必须练军，必须筹饷。在它的统治之下，无论它怎样想为人民谋利益，人民的负担也是不能减轻的。且在这环境里，它也不能择手段，附和者只好联络或收容，久而久之，所谓革命军大半就不是革命军了，所谓革命党也不革命，只争地盘，抢官作了。等到事情过去以后，人民只出了代价，绝没有得着收获。

这个代价之高，是我们不可思议的。我们中国近二十年为革命而牺牲的生命财产，人民为革命所受的痛苦，谁能统计呢？此外因内争而致各派竞相卖国更不堪设想！

中国现在谈革命，就离不开内战。一加入战争，无论是对内或对外的战争，那就无暇择手段了。这也不是个人的问题，是个环境的问题。比较说来，已得权者给外人的利总是比未得权者要低些。此种心理，孙先生说过：

> 就另一方面言，则中国革命党事前无一强国以为助，其希望亦难达到。故现时革命党望助至切，而日本能助革命党，则有大利。所谓相需至殷，相成至大者此也。

革命党既然靠外援来夺取政权，执政者亦只能以同样手段对付。一九一四年八月十三日袁政府的外交总长孙宝琦给驻日公使陆宗舆的电报有这一段：“我政府正筹中日免除根本误会，以图经济联络之法。”后四天的电报又说：

“前小幡面告，日政府确有取缔乱党之意，望代达主座。日前又提议，中国如愿日本实行，可提出希望条件，惟须有交换利益，日本方可对付。”

这样的革命，多革一次，中国就多革去一块。久而久之，中国就会革完了！读者不要以为我故意张大其词。孙袁的竞争不过是个例子。假若不为篇幅所限，我可以证明民国以来的外交，没有一次外交当局不受内部的掣肘：我更能证明没有一次内战没有被外人利用来作侵略的工具。在中国近年的革命，虽其目的十分纯洁，其自然的影响是国权和国土的丧失。我们没有革命的能力和革命的资格。在我们这个国家，革命是宗败家灭国的奢侈品。

这是就目的纯洁的革命说。但是谁能担保目的是纯洁呢？谁敢说中国今日能有一个“为人民谋利益，为国家求富强的革命党”呢？我们平日批评西洋的政治，说是资产阶级压迫劳工的政治。无论如何，西洋至少尚有为阶级谋利益的政治。我们连这个都没有。我们的政治都是为个人及其亲戚朋友谋利益的政治。所谓革命家十之八九不是失意的政客，就是有野心的军人；加入革命的普通人员不是无出路的青年，就是无饭吃而目不识丁的农民。这种人，如革命能改除一时的痛苦就革命，如作汉奸能解除目前的痛苦就作汉奸。拿这种材料来作建设理想社会的基础，那是不可能的。

从历史上看来，这种现像是极自然的，那哪一国都不是例外。西洋英法俄诸革命先进国，原先都与中国一样，有内乱而无革命。如同英国，在十五世纪，所谓玫瑰战争，也是打来打去，绝无成绩的。在十五世纪末年，亨利七世统一了英国而起始所谓顿头朝代（Tudor Dynasty）百年的专制。在这百年之内，英人得休息生养，精神上及物质上成了一个民族国家（National state）。到十七世纪，政治的冲突于是得形成实在的革命。史学家共认没有十六世纪顿头的专制就不能有十七世纪的革命。法国在十六世纪正处内乱时期。奇斯（Guise）及布彭(Boulbon)两系的循环战争闹得民不聊生。彼时有识之士如Bodin及L.Hopital一流人物就大提倡息争主义，以息争为法国第一急务。在这种思想潮流之中，看透了内战的全无意义，及绝不能有意义，于是布彭朝的亨利四世收拾了时局，建设了二百年布彭专制的基础。经过路易十四光明专制之后，法国也成了一个民族国家。于是在十八世纪末年，政治一起冲突，法人就能真正革命。因为专制的布彭朝培养法人的革命力量：换句话说：经过布彭朝的专制，革命不致引起割据，民族的意识太深了，不容割据发生，王权虽打倒了，社会上有现成的阶级能作新政权的中心：外国虽想趁机渔利，法人的物质及精神文化均足以抵御外侮。所以法国史家常说，布彭朝有功于法国十八世纪末年的革命。俄国亦复如此。在十六世纪末年及十七世纪初年，俄国也只能有内乱，不能有革命。经过罗马罗夫朝三百年的专制。然后列宁及杜落斯基始能造成他们的伟业。世人徒知列宁推倒了罗马罗夫朝代，忽略了这朝代给革命家留下了很可贵的产业。第一，俄国在这三百年内，从一个朝代国家（dynastic state）长成为一个民族国家。革命就不能有割据的流弊。第二，专制的罗马罗夫朝养成一个知识阶级能当新政权的中核。第三，专制时代提高了俄国的物质文明，使援助白党的外人无能无力。

中国现在的局面正像英国未经顿头专制，法国未经布彭专制，俄国未经罗马罗夫专制以前的形势一样。我们现在也只能有内乱，不能有真正的革命。我们虽经过几千年的专制，不幸我们的专制君主，因为环境的特别，没有尽他们的历史职责。满清给民国的遗产是极坏的，不够作革命的资本的。第一，我们的国家仍旧是个朝代国家，不是个民族国家。一班人民的公忠是对个人或家庭或地方的，不是对国家的。第二，我们的专制君主并没有遗留可作新政权中心的阶级。其实中国专制政体的历史使命就是摧残皇室以外一切可作政权中心的阶级和制度。结果，皇室倒了，国家就成一盘散沙了。第三，在专制政体之下，我们的物质文明太落伍了。我们一起革命，外人就能渔利，我们简直无抵抗的能力。

总之，各国的政治史都分为两个阶段，第一是建国，第二步才是用国来谋幸福。我们第一步工作还没有作，谈不到第二步。西人有个格言，说更好的往往是好的之敌人。中国现在的所谓革命就是建国的一个大障碍。现在在中国作国民，应该把内战用客观的态度，当作一种历史的过程看，如同医生研究生理一样。统一的势力是我们国体的生长力，我们应该培养；破坏统一的势力是我们国体的病菌，我们应该剪除。我们现在的问题是国家存在与不存在的问题，不是个哪种国家的问题。

十二月三日

——选自《独立评论》第八十号（一九三三年十二月十日北平出版）

论专制并答胡适之先生

近百年世界的一种大潮流是民族主义。未统一的国家赖此主义得着统一了，如德意志，义大利。已统一而地方分权的国家赖此主义提高中央的权力了，如日本的尊王废藩，如美国联邦政府的权威的自然长进，在这种普及世界的大潮流之下，我们这个国家反从统一退到割据的局面。这是什么缘故呢?

近代的国家每有革命，其结果之一总是统一愈加巩固及中央政府权力的提高，帝俄已是一个统一集权的国家，但是现在的苏俄更加统一，更加集权，德国革命后的一九一九年的宪法比毕士麦一八七一年所定的宪法就统一集权的多，而今年国社党的革命又进一步，法国在十七八世纪已成为统一集权的国家，但十八世纪末年革命的主要使命之一就是铲除各区域的差别，成立法人所谓一整个、不可分离的法国（France,one and indivisible）。我们的革命反把统一的局面革失了，而产生二十余年的割据内乱。这又是什么缘故呢?

这是一个何等痛心，何等重要的问题！中国士大夫近年关于什么政治经济问题都讨论到了，惟独对于这个基本问题没有人去研究、去注意。因其如此，所以我们对于本国的政治没有认识，因为没有认识，所以我们才高谈、畅谈、专谈西洋的自由主义及代表制度，共产主义及党治制度，而我们愈多谈西洋的主义和制度，我们的国家就愈乱了，就愈分崩离析了。西洋的政治和中国的政治截然是两件事。在我的眼光里，这是一件明明白白的事实，排在我们的面前，我们若忽略这个事实，不但现在的汪精卫、蒋介石，国民党无能为力，即汪精卫失败以后的汪精卫，蒋介石失败以后的蒋介石，国民党失败以后的任何党，任何派都将无能为力。

我们平素好骂军阀——其实他们应该受骂：我们平素好归罪于军阀——其实

他们真是罪恶贯盈；我们说，军阀把中国弄到这种田地，这种话当然是有理的，但是反面的话更加有理：不是军阀把中国弄到这种田地，是这样的中国始能产生军阀，毛病不在军阀，在中国人的意态和物质状况，我们试着研究这种意态。

民国以来，我们政府有一种极普遍的现象，有许多军阀高倡“保境安民”主义，如历年的山西——稍有例外——，现在的山东、广东、广西诸省。最奇怪是民众渴望“保境安民”，不少的士大夫赞扬“保境安民”，民国以来的“模范省”和“模范省长”都是保境安民的省份和省长。我们仔细想想，这是一种什么意态？军阀割据的心理基础不在乎此吗？这种意态普遍的国家能算得一个“民族国家”吗？这是有省而无国，军阀利用之，于是成立割据。

我们反过来看看别国的形式又怎样，法德两国领土太小，不能与中国比，所以我们不必讨论，俄国的面积比中国还大。上次大革命的时候，革命党与反革命党，一样的、同等的，无偏安的心思，更无割据的心思。西伯利亚，在中国军阀的眼光里，岂不是一个很好的地盘？当年白党领袖柯车克（Kolchak）很可据此以成区域的政权。虽有人对他作这种建议，他和他的同志都以为这种计划是反俄国历史，背俄国人民意态，断乎不可为，不能为的。就是在西伯利亚东部的无赖之徒，倘被日人利用以遂日人宰割的野心，无论日人怎样联络，就为俄国正人君子所不耻。白俄与赤俄虽势不两立，但两党均信俄国是一整个的，不可分离的俄国，为贯彻主义而割据俄国，他们尚且不为，与我们比起来，真有天壤的分别了。此无他，中俄两国人民的意态不同：中国人的头脑里有省界，俄国人的头脑里无省界。

我在留学时代，常听外人谈中国人畛域之见之深，我当时很不以为然，心中常想外人的观察是肤浅。等到回国以后，仔细一看，始发现外人的观察实很深刻，中央政府的各部，无论在北京时代，或在现在的南京，部长是那一省的人，部中的职员就以他同省的人居多，甚至一部成为一省的会馆。在大学里，同乡会与各种学会同等的活动，一省之内又有同路或同县的畛域之分，湖南有省议会的时候，议员就分东路中路西路而从事活动，现在何键在湖南的成绩总算过得去，然而湖南士大夫批评者很不少，因为他所用的人大半是同县醴陵的人。

因为中国人有省界县界的观察，所以割据便成家常便饭；又因为中国人的穷，所以军阀得养私有的军队。日本人费少许钱财，就能雇中国贫民来杀中国贫民，“聘”中国士大夫来对付其他的中国士大夫，这还算一个民族国家吗？“私有军队”这四个字就能大半解释中国之所以产生军阀。一般民众既无国家观念，又为饥寒所迫，何乐不为军阀为战品？自国民革命军北伐以后，军队里面也有种种救国救民的宣传标语，好像中国一部分的军队已经革命化，国家化了。我承认我们的军队近年在意态上（当然也在军器上）有相当的进步，但是我们不要忘记一班兵士倘有忠心，还是私忠（对官长）比公忠（对国家）要紧。我们更不要忘记公忠必须有相当的环境及相当的时期始能培养出来，不是你我写一篇文章，演一次说可以唤起的。

总而言之，军阀的割据是环境的产物，环境一日不变，割据就难免，在这种环境里，无论革命家播怎样好的种子，收获的是割据的军阀。

那末，我们要继续问，什么样的环境，什么样的政治社会经济状况能促成统一，避免割据？第一，我们必须有一个中央政府，我不求这个政府的开明，虽它愈开明愈好。我也不求这个政府是英德俄式集权政府，近来福建标榜联邦；如果我们中央的权力能如北美合众国中央政府的权力，那我也心满意足了。我只求中央能维持全国的大治安，换句话说，能取缔内战及内乱：此外，中央在其职权以内所发的号令各省必须遵从，换句话说，全国必须承认它是中央，有了个这样的政府，我以为我们的环境就自然而然的会现代化。请读者不要误会；我不是一个无为主义者，我想适之先生也不是为无为主义而提倡无为主义，我不过觉得我们在此时候，不要贪多而全失。所以我所要求的是政治的最低限度的条件：换言之，有一个中央政府。

有了个这样的中央政府，教育、工商业，及交通就自然而然的会进步。甲午以前，维新派的领袖如奕䜣、文祥、曾、左、李诸人都是在朝，在野的人士十之八九都比他们还守旧。甲午以后，民间的维新运动就比在朝者急进多了。现在我们如能有个担任现代化事业的政府固好；没有，只要政府维持大治安，民间的事业有民间的领袖会去推行。就是在这二十年的内乱之中，民族的基本事业如教育、工商业，及交通尚有相当的进步，不过为内战及内乱所阻，进步很慢就是了。一旦这阻力能除却，那我们的进步就会快的多了。在这里，我们要注意，这种进步均是与割据的势力相反的。一个现代的银行和现代的工厂都是超省界的，甚至超国界的。一条铁路的统一人民意态的功效是很大的。人民衣食有着而又受了相当现代化教育就不甘心作军阀私争的战品。

以上我所讲的都不成大问题。国人的意见也没有什么大冲突。引起辩论的是过渡方法的问题。适之先生相信我们不须经过新式的专制。他相信我们现在就能行，就应行维多利亚时代的自由主义和代表制度。从理想说来，我以为这种制度比任何专制都好，从事实上看起来，我以为这种制度绝不能行。人民不要选举代表，代表也不代表什么人。代表在议会说的话不过是话而已。中国近二十年的内争是任何议会所能制止的吗？假若我们能够产生国会，而这国会又通过议案，要某军人解除军柄，你想这个议案能发生效力吗？只要政权在军人手里，如现在这样；又只要民众乐为军人所使用，又如现在这样；你的国会有一连兵就可解散了。何况中国新知识阶级对于这种古典的代表制度绝无信仰呢？

几年前，适之先生还提议过割据的妥协，他的意思，就是割据让它割据，但大家成一妥协，一方面不彼此打仗，一方面共拥一个权力较小的中央政府。如能作得到，这个提议我倒赞成，因为这种妥协能给上文所讲的各种现代化的事业一个机会去长进。可惜这种妥协绝不能成立，正如国际裁军会议不能成功一样。

此外还有现在福建的方法，再来一次的革命。我认为这个方法也行不通，因为在现今中国这种状况之下，一切革命都形成割据，都会内乱化。这是我在本刊第八十期已经讨论过的。

我以为惟一的过渡方法是个人专制。我的理由可以简单的说明出来。

第一，中国的现状是数十人的专制。市是专制的，省也是专制的。人民在国内行动不过从一个专制区域行到另一个专制区域。至于权利的保障，处处都是没有的。我所提倡的是拿一个大专制来取销这一些小专制。大专制势必取销各地小专制，不然，大专制就不能存在。从人民立场看起来，他们的真正敌人也是各地的小专制。正如英国的顿头、法国的布彭、俄国的罗马罗夫，他们专制的对像是各地的诸侯，直接压迫人民的也是各地的诸侯，所以君主专制在这些国内曾受人民的欢迎。我们简直把中国政治认错了。我们以为近二十年来想统一中国的人如袁、吴等把人民作为他们的敌人。我们未免自抬身价了。严格说来，我们不配作他们的敌人，因为我们有什么力量呢？我们实际也不愿作他们的敌人，因为我们并不反对统一。统一的敌人是二等军阀和附和二等军阀的政客。每逢统一有成功可能的时候，二等军阀就连合起来，假打倒专制的名，来破坏统一。士大夫阶级反对专制的议论，不是背西洋教科书，就是二等军阀恐惧心、忌妒心的反映。中国现在专制的对象不是人民，是二等军阀。从人民的立场看，个人的大专制是有利的。

第二，我们以为个人的专制来统一中国的可能比任何其他方式可能性较高。破坏统一的就是二等军阀，不是人民，统一的问题就成为取销二等军阀的问题。他们既以握兵柄而割据地方，那末，惟独更大的武力能打倒他们。中国人的私忠既过于公忠，以个人为中心比较容易产生大武力。这个为中心的个人必须具有相当的资格，以往当局的人及现在当局的人是否具有这种资格，那是人的问题，我这里所要讨论的是制度的问题。适之先生引《民报》驳《新民丛报》的话来为难我，说："开明专制者待其人而后行"。他不信"中国今日有能专制的人"。中国今日有无其人，我也不知道。不过我们要注意，我所注重的是能统一中国的人："开明"是个抽象的名词，恐怕各人各有其界说。我们更加要注意，以袁世凯及吴佩孚一流的人物，离统一的目的，仅功亏一篑了。

第三，不少的读者对于我的《革命与专制》文要问：二千年来的专制不济于事，再加上一短期的专制就能济事吗？二千年来，中国有朝代的变更，无政制及国情的变更，因为环境始终是一样的。现在外人除加在我们身上极大的压力以外，又供给了我们科学与机械。这两个东西不是任何专制政府所愿拒绝的，所能拒绝的。就是政府完全无为，只要它能维持治安，这两个东西就要改造中国，给她一个新生命。

——选自《独立评论》第八十三号（一九三三年十二月三十一日北平出版）

新名词·旧事情

自戊戌到现在，这将近四十年来，我们的维新事业几可以一言以蔽之：那就是拿新名词掩饰旧事情。事情尽管旧，名词务求其新。在满清末年的时候，我们以为君主立宪不够新，必须有个民国。好了，“民国”是有了，但我们不见这个“民”国里的“民”的成分可比得邻近“帝国”里的“民”的成分。无论是我们谈民众舆论的势力，人民利益和自由的保障，或人民参政的机会，这中华民国的人民恐怕还不及以君权神圣为基础的日本人。我们标榜民权，结果我们得了军阀。与历代鼎革之际割据的“群雄”无丝毫的差别。近年除政治的民权以外，我们又从西洋输进了最新的、最时髦的经济名词。共产主义运动的结果也与政治改革的结果相伯仲。问题不是这些新名词，新主义的好坏问题；从理论上说起来，至少我个人承认这些新主义是极美的。问题是这些新主义与我们这个旧社会合适不合适。社会好比人的身体；名词，主义，制度就是人的衣服。为父母的固然可以为一个三岁的小孩作他四岁正合穿的衣服；但如他们要勉强这小孩穿成年的衣服，纵使这衣服是用绸缎作的，那岂不是害了他？

我们邻邦近代改革的方式正与我们的相反。日本人于名词不嫌其旧，于事业则求其新。他们维新的初步是尊王废藩。他们说，这是复古。但是他们在这复古的标语之下建设了新民族国家。西谚云：旧瓶里不可搁新酒。但日本政治家一把新酒搁在旧瓶子里，日本人只叹其味之美，所以得有事半功倍之效。九一八以后，日本人又故意的拿一个两千年前的旧名词——“王道”——来与一个二十世纪的新名词——共产主义——比武。倘若日本不是假王道之名来行霸道之实。又倘若现在远东的冲突不是复杂的、多边的，包括中国的民族主义及国际的势力均衡诸问题在内，换句话说，倘若现在的远东问题是个单纯的王道与共产主义的问题，那无疑的东北的老百姓们将为其所骗。日本军阀对于政治心理的研究是用过功夫的；他们知道在一般中国老百姓方面，有些旧名词的号召力、吸引力远在任何新名词之上，连自由主义和共产主义在内。东北的老百姓们，如同全中国几千年来的老百姓一样，第一希望能安居乐业，第二希望赋税减轻，此外就无求于政府了。只要政府能以父母自居，能把人民当作赤子看待，这就是老百姓的理想政治，这就是王道。至于士大夫阶级的心理虽较复杂，我们大可不必为他们的口头禅所误。他们心理的复杂大半由于其虚伪程度之高。他们口里说的尽管是新名词、新主义，大多数心中所希望的仍旧是有官可作。如果政府能使“学而优则仕”这句话实现，这岂不是士大夫的理想政府，士大夫的王道。我们的报纸、书籍，以及大学的讲演，虽满布新名词，我们的根本事情，无论是在意态方面，或是在物质设备方面，仍是旧的。

总而言之，近代的日本是拿旧名词来干新政治，近代的中国是拿新名词来玩旧政治。日本托古以维新，我们则假新以复旧，其结果的优劣，早已为世人所共知共认。推其故，我们就知道这不是偶然的。第一，旧名词，如同市场上的旧货牌，已得社会的信仰。这点无形的信仰是历代无数的民族领袖费去无穷心血所缔造的，想要造出一种新的共同信仰，谈何容易？所以善于经商者，情愿换货不换牌子。第二，新名词的来源既多且杂，输入者自然无限制了，以致五花八门，朝令夕改，人民就无所适从了，正如市上的杂牌伪牌太多了，顾客就不顾牌子了。所以新名词既无号召之力，又使社会纷乱。第三，意态是环境的产物。造了新环境，意态纵落后亦不能不随着变更。环境不变而努力于新意态、新名词的制造，所得成绩一定是皮毛，外表新而实际不新。

以往是不可追了，但来者犹可谏，戊戌以来的内政外交诸大问题今日尚存在。我们士大夫的生活素与平民隔阂。近年我们又聚集于大都市，过的生活是几全是外洋的生活。我们很容易的把我们少数人的社会当作中国一般的社会。我们要认识今日的中国仍旧是新势力抵不过旧势力，因为全国的新的程度实在太浅了。尤其是关于统一问题，我们不可假设中国有种种英美俄德各国所有的势力，因为我们不解决这个统一问题，其他问题都无从下手。物质的及意态的中国大致既是传统的中国，我们统一的方案大致亦不离了传统的方案。这个方案，一般士大夫不是把它看的太简单，就是把它看的太难。我们说历代的开国君主是马上得天下，实在说起来，中国的统一固离不开武力，但无一次是全靠武力的，远如汉高祖有约法三章以应关中父老的期待，封爵封土以笼络一部分的英雄，其武力专留以对付矢志破坏统一者。近如清初之多尔衮有废除明末的杂税以慰百姓，为崇祯帝发丧及开科取士以收士大夫之心，封吴三桂诸人爵士以奖有功于统一者，其武力专留以征服流寇及与满清势不两立的南明。历代的统一都是武力与政治兼用的。今日亦复如此。我们现在虽不能封爵士，但我们还有所谓绥靖主任及省主席的荣衔来笼络辅佐中央的军阀。其他收抚百姓及联络士大夫的方法都存在。所以（马上得天下）不是一件如士大夫阶级所想的那样粗暴横蛮的事情。

其次，因为民国以来，这个方案已经试过而屡遭失败，所以我们就想这个方案太难了。现在外人的租界及治外法权固给反对中央的份子不少的便易，现在人民信仰的杂乱固远在历代之上，同时我们必须承认现在谋统一者有种种方便是历代所没有的。中国现在的交通虽不方便，但我们的交通设备究是多尔衮——用不着说汉高祖——所梦想不到的。中国现在的人心虽乱，但近百年来我们所受的外来压迫究竟给了我们历代所不及的民族的觉悟。传统的统一方案，在现今行起来，不见得比历代更难。

其他的问题，如同这统一问题一样，倘士大夫阶级不拿新名词来抹杀旧事情，其解决的困难就大部分消灭了。

——选自《大公报》星期论文（一九三四年一月二十一日天津出版）

《中国之农业与工业》序

我国旧日的士大夫阶级，虽多来自民间，仍不知道民生的实况。此中的缘故很值得我们的注意。第一，士大夫并不足以代表平民。他们大多数是地主阶级。他们自己并不劳力。顶穷苦的尚是小地主、私塾教师，及衙门书吏，即系西洋人所说的小资产阶级。第二，中国旧日士大夫所学的全是文字章句一类的东西，小百姓们的工作，无论是种植或是工艺，是他们所不屑过问的。他们就不把实事实物作为知识的对象。他们所写的食货志尽是些官样文章，其中偶有的知识和贡献大都是零碎的。

近日士大夫的知识方法虽有变更，确是仍免不了读死书，尚且还是读西洋人的死书，讲的是西洋社会。生活集中于都市，离中国之代表人更加远了。我们要记得，我们虽然有上海、汉口、天津、广州这些大都市，表面上来看，我们这国家很像一个现代的国家；事实上，中国的代表人还是种地的乡下人，我们有几个人愿意过问他的事，能够了解他的事呢？然而他不但是我们的代表人，还是我们的基本人，我们打仗所用的钱、娶姨太太的钱、住洋楼的钱、办大学的钱、修公园的钱、办报办杂志的钱，一切一切都是这个种地的乡下人拿血汗换来给我们的。现在这个人的负担太重了，跨骑在他背上的人太多了，他快要倒地了。他倒地的日子就是我们整个政治经济文化总崩溃的日子，至少我们应该知道这个人怎样到了这种田地。

帮助我们尽这点义务的工具，最好莫过于陶君所译的这本书。

一九三六年元月二十二日蒋廷黻

——选自陶振誉编译《中国之农业与工业》(一九三七年三月，正中书局出版社)

中国的政治

著者陶内先生，论学问，是英国当代的大经济史家之一；论政治经验，是英国劳工党后台的主要人物。两年以前，他受了太平洋国际学会的委托，曾来中国调查农工状况。去年他又参加国联派遣来华的教育考察团。数月之前，他在伦敦发表一部小书，名曰《中国的农工》（Land and Labour in Chian.Allen and Unwin.7s.6d.net）。这书的好处诚是一言难尽。书末一章泛论中国的政治和教育。兹特节译此章，分两期发表。下一期的将标题《中国的教育》。

在现今世界大势之下，中国近二十余年的内乱将不能长久继续。前途就只有两条路：或是中国自己产生一种政治平衡而设立一个强有力的政府以维持之；或者外来的势力，用某种名义，强以平衡相加。华府会议的政策是要使中国能走第一条路，现在日本显要采取第二条路。日本首要把东三省变为她的保护国；然后学历代以北制南的方法，利用东北的优胜地位，来支配中国的政治。日本的成败如何——目前的局势以成居多——最重要的关键是关内中国的前途。东三省的命运最后不会在东京或日内瓦，是要在关内的中国决定的，因为东三省论文化和民族完全是中国的。如果日本能割据东三省，那必是因为日本能使用一个有组织的国家的种种力量而中国不能。如果中国也能，那末，东三省一定要受中国的吸力，不受日本的吸力。一句话，就东三省论，中国本可拖延，只要——这是很要紧的——在拖延的时候，中国能够得到内部的安定和团结。中国成功的条件是什么呢？

这些条件一部分是政治的，一部分是经济的，一部分是心理和社会的。中国思想家偏重后两种而比较的忽略了第一种。平常的时候，我们都相信现在是经济支配政治的时代。但是在现状之下的中国，经济的进步完全为政治的变乱所阻止。所以中国的第一个问题是创造一个效力较高的政府。

这个问题的解决只能一点一滴的进行。中国太大，各地状况太不相同，交通的缺乏致全体太无构结；因之，全国各部决不能同时前进。统一的程序只能慢慢的，一步一步的执行。有些省份必须前导；有些省份后随。某一区域必须负荷十九世纪欧洲的普鲁士和彼得蒙（Piedmont）所负荷的使命，作为改革的中心，树立公德、效能，及廉明政府的标准及榜样。

有了中国的经济地理，这个统一的中核区域应在何处是毫无问题的。东三省就是没有日本的问题，是未成熟的新垦地。黄河流域的人民太穷苦且知识太低。黄河流域以南的省份，内有二万五千万的人民，是将来的希望所在。此区域内有世界上最大自然商路之一，即长江。海关的收入三分之二属于此区域。铁路，除东三省外，亦以此区域为最多。过二十万人口的城市，全国有十五个，此区域占了十二个。工业，东三省不算，此区域几包而有之。现代的教育机关，此区域有其过半数。如中国有一个区域能创造一个新国家，那就是这个区域。

可惜这个区域不能一致。南京与广东的战争，到一九三一年十二月，因为日本侵略的震动，始为停止。此区域内还有些地方受土匪之害；有些地方受军长师长旅长之害。此外还有些共产党的区域。广东的反中央虽然不能说完全无故，但居然在中国近代史上国家最危急的时候发生，这真是中国不统一的最可痛惜的表示。不过广东与西洋的通商关系最久，省的自尊心最高。广东有其特殊政治传统，就是广东与南京感情好的时候，它不愿接受南京领袖的惠赐。南京命令所能实际通行的地方不过五六省，其中最重要的是江浙及河北山东的一部分。人口总数约在一万万左右。若在欧洲，就可算为一个大国了。

政府要得人心必须在其范围以内起始。中国既须有一个中核的廉明行政区域，政府似乎应集中心力于这几省的改革。我并不赞成有些外国人的意见，说中国惟一避乱的方法在分为几个小单位。如果这个提议见诸实行，必致引起千百年的内乱，何况不能实现。经济上，尤其从海关及铁路着想，中国是一个整体。文化上及精神上，中国的统一还超过有些有中央集权政府的国家。这个统一必须维持，并须设法使之具体化为政治的组织。这事业的完成要费好几代的效力，但第一步是在找一个施力之处，是要建设一个基本区域；在此区域内，国家能够有效率的执行国家应行的事业，然后传播他的影响到以外的区域。直辖的省份应该作有秩序、有安全、有效率的模范。他们应该严厉取缔收税人员、官吏、放债者、地主及土匪的榨取。他们应该建设现代的道路、现代的警察制度、现代的公共卫生及现代的学校。一句话，在这个可行善政的区域内，作一个人人能看见的善政的榜样。在上古的中国，常有地方人民不堪诸侯的暴虐，请求邻邦的贤王来统治他们。如果中国各地的政府多靠善政成绩所能产生的威信，他们就不须这么多枪杆来维持他们的地位了。

这个政策——其实无论任何政策——要实行，政府行政的机械必须整理。中国舆论家多批评政府之压迫言论；他们说中国政府就是军政府，不过加上一个文人宣传部。这诚有理，且是可惜，因为一个不容舆论批评的政府就难得舆论的赞助。虽然，中国政府的大弱点还不在此，是在有政而不能行，是在缺乏有效力的行政制度。除少数例外，中国人简直不知行政是什么。

文人在中国享受了好几百年的权威。一般人对文学的尊重虽然很可佩服，但此尊重不幸使中国人不能认清政治的性质。相信纸上写了字就是作了一件事已成为牢不可破的习惯。结果中国的政治以发表宣言为始，亦以发表宣言为终。在西洋，人们有时只讲办法不讲目的；中国人则只讲目的不讲办法。中国人会议了又会议，起草了计划以后还得草计划，报告以后还是报告。纸张堆积如山，但全无办事的力量和机械。好像一个机器出了毛病，大家不去修理，反坐下写一篇机器出毛病论并通过一个议案要机器明天行走。这就是中国的文学政治。

此外中西政治的观念的不同还多，我只再举一二个例。在中国，法律不是通律，不问对何人都要执行的；法律是一种高尚的理想，能企及固好，但遇了具体的事件必须斟酌情形变通办理。到了这实行的当儿，原则反不要紧；要紧的是受法律的制裁的这个人的特殊情形。中国人所敬仰的不是铁面无私大公至正的法官；这样的法官似乎太粗暴，太不近人情。中国人所敬仰的是一个圣哲的、和气的中人，能调合双方的利益。西方行政官注重负责执行；中国行政官注重如何避免冲突，即国法因之受损亦所不顾。西洋政府的机关是个权力的阶梯，各级人员的职责是分明的；中国的政府机关是个团体，个人以团体为护符，责任不可捉摸的散在全团体。

对于中西政治的观念的优劣来抽象的批评简直是空费力气。百年以前，中国的传统办法还行得通；时至今日，行不通了。因为我们不能靠私人彼此的了解来管理一条铁路，办现代国家的财政，或执行一部复杂的、在在与民生有关的法典。

中国的新式行政有许多困难。新的行政无成法可守，因为新的行政系统成立不久，经费也不足，官吏地位无保障，往往换一个部长致全部的大小职员都换了。中国虽有一个考试院，类似英国的的文官委员会，好像至今中国官吏的进退还是靠私人的关系。家庭制度也是一种障碍，致亲戚的援求有许多时候不能拒绝。官吏的教育很不完善。无论这教育是得自西洋或中国的大学，中国的文官知道西洋的政治学说较多于西洋的实际行政，而知道西洋反多于中国。一个外国旅行者在中国最感奇异的是他所认识的中国人最不知道的国家就是他们自己的中国。学政治的知道海牙法庭及美国大理院如何行使职权比知道中国城市村庄如何办地方公事还清楚。学经济的知道西方的工业资本界及机械农业比知道门前的手工业及郊外农夫的农业还要多。

效率较高的行政，就是在西洋，也是近代的发展。中国直到最近始感需要，因此中国新式行政之幼稚并不足怪。中国行政的弱点由于财政困难及社会情形者，只中国自己能改除之；属于技术方面者，倘利用西洋国家的经验，改革的进步可以增速。关于铁路管理、治水灾旱灾、救荒，及公共卫生，中国已利用外国专家的知识。行政也有其技术方面，是西洋专家所能贡献的。行政人员的选择和训练；机关内工作的分派，机关与机关的关系，与财政部的关系，与负政治责任者的关系；官吏地位保障问题及升级问题；中央行政者及地方行政者关系的安排，如何能一方面使中央有相当的节制，一方面使地方能保存自动的能力——这都是良好行政的基本条件。西洋国家，因长久的实验，已得着专门的技术。中国不应盲目的往前，出几十年的浪费和痛苦，来寻找别人已经找到的。

我们愈想到各种特殊的行政，愈觉得有利用外人已有的知识之必要。无论一个人的智慧多末高，有许多事情不能生而知之，如：提倡农村合作，改良土地制度，发展乡村工业，设立普及初级教育及有效的视学制，执行工厂法，组织效率较高的警察，及其他许多一个现代的国家所必负的责任。中国的行政当然应该是中国式的，不是西洋式的。但要做到中国式的不必重演外国曾经演过，且受了苦始改除的错误。

我不提议中国应请几个外国名流到中国来作几个月的旅行，也不提议送中国人到外国去参观，去得几个空泛的主义。老实说，中国人大有主义过多之患。我提议，第一，中国应聘请些外国官吏曾有特殊行政经验者来帮助组织各种行政事业；第二，中国应派遣些经严格选择的官吏到外国行政机关去，作较长期的实习。为执行这个政策，最自然的辅助机关是国联。

国家的地方行政简直是个未曾探险的区域。五十多个大学里的政治学教授没有一位告诉了我们中国二十余省，一百余城市，千九百多县，及五十多万村之中的两三个省、城、县、村的实际行政是怎样。田赋的怎样分派与征收，简直是个不可破的神谜。好像中国近代政治的改革仅限于上层的政府；至于下层，旧的恶习完全保存，此外又加上了一些新的恶习。关于地方行政，外国也有许多经验是中国可以借镜的。不过，在未下手之先，应该仔细调查几个区域内的县、城、村的行政。政府如顾不到，几个大学可以合作来办这件事。调查一定要发现许多的弱点，然后可以考察在外国当初这些弱点是怎样改革的。近年各种的政治方案如教育、卫生、农业的改良，到实际执行的时候，都靠地方的行政官吏。这些方案的实行都以同时改良或甚至首先改良地方行政为条件。

——选自《独立评论》第三十六号（一九三三年一月二十二日北平出版）

提倡国货的治本办法

同治年间曾国藩李鸿章等起始提倡“商战”。从那时起到现在，我们这六十年的商战总是胜仗少而败仗多。现在我们经济的穷困已到了极点。这是大家所公认，无须详说的。提倡国货近来也成了时髦。国货的展览，国货陈列馆及国货商场的设立，宣誓不买仇货等现象都表示国货运动的前进。但是还不彻底，还不是治本之法；我们还是把提倡国货的问题看得太简单。我们以往下的功夫偏重了消费者的劝勉。我们希望消费者本爱国的精神，买一次东西就为国货作一次牺牲。我们加在人的天性上的负担太重了，天性就要反叛。如果国货在质、量、价三方面与外货相差不远，爱国的精神可以济事；如果相差太远，爱国心亦无济于事了。就是全国人的爱国心到了沸点，从今天起忽然绝不买外货——当然这是做不到的——我们这个经济社会势必慌乱，终究害多而利少。

提倡国货的治本须从制造及推销——工业及商业——同时下手。工商两业在一国的经济里好像人身的两腿。左腿进一步，右腿就须跟上；不然，左腿就不能再提一步。从制造下手，我们第一须研究国货的困难；第二设法解除这些困难。制造国货的困难有非我们所能想像者。我们试拿纺织业作个具体例子。日本纺织业是我们纺织业的劲敌。日本的棉花全采自外国，大部分采自中国。日本从中国输出棉花的时候，须纳出口关税；从中国海口运到日本工厂须多出一段运费；日本的工资又比我们的高；日本的纱和布运进中国的时候又多一段运费及一次进口关税。论情论理，从日本来的纱和布似不能与上海天津各厂的出品竞争；事实正与情理相反。困难在那里呢？这是我们所应该知道及设法解除的。据我所知，困难很多，且不是一方面所造成。第一，政府须负一部分的责任。中国纱厂及布厂虽无须纳进出口的关税，但所纳的杂税，中央的、省的、市的，不知多少。厂主均是敢怒而不敢言。中国工厂虽省了海上的来往运输，但原料及出品的运送遇着无穷的困难。外商在中国使用铁路及汽船反比国商能得便宜。第二，工人亦须负一部分的责任。中国工资虽低，工作效率更低。通盘计算，中国工厂的劳工几是全世界最不经济的劳工。近年煽动工潮者日见其多。往往工潮一起，所谓党部或社会局的调停不过趁机向厂主索报酬。第三，厂主，无论是私人或团体，亦有不善于经营者。中国工厂的管理奇像百出。董事支车马费年至数千元。厂内总是人浮于事，所有董事的亲朋皆得安置。购买原料或煤炭的时候，经理看作发财的机会。如有提倡同行各厂公立购置机关，用投标式来采办原料和燃料，经理们必群起而攻之。多数纱厂资本并不充足，以致购买原料及出售货品皆受周转不灵的掣肘。棉业界尚是我国工业界比较发展的一门，其他更加幼稚。棉业界固然是能力不齐，但资方经营大抵离合理化太远。有了上文所举方方面面造成的困难，宜乎国货不能抵抗外来品。

手工业的厄运更胜于新工业。货品必须跟着消耗习惯跑；稍一落伍，则无销路。消耗能力大的阶级比较皆与新潮流接近，他们的生活外洋化很快，而且外洋化的程度很高，其结果消耗力愈大的人买外货愈多。操手工业的人有些简直被新生活习惯淘汰了，有些不过苟延残喘。这种人资本有限，智识有限。处这种全国家过渡的时候，他们不但不能过渡，且不知有过渡的必要。制造者与消耗者各处一岸，中隔鸿沟，非有一个外来的势力替操手工业者搭一道桥，他们只好坐以待毙。手工业的前途与国家经济的关系并不在工厂工业之下。我们说这句话并不是因为我们反对用机械，反对设工厂；也不是因为我们在机械工业与手工业的竞争要偏袒手工业。我们的理由是中国不能工业化到英美德那等程度。我们的天赋资源不及她们。在将来的中国，手工业必须占个重要地位。而且要解决乡村的经济问题非大提倡手工业不可。

从推销方面看，国货也有种种的困难。第一，有许多货品，消耗者很难判定那种是国货，那种不是国货。第二，国货的品样甚多，有些牌子实在可用，有些牌子实在不可用。消耗者许多不能或不愿试验。他们年复一年的买老牌子的，而这老牌子十分之九是外国牌子。倘他们为爱国心所冲动，偶而试一种国货，其结果如何要看运气。倘若运气好，他所试的是一种好牌的，他心满意足的以后继续买这牌子的国货。运气不好呢，他所试的不中用呢，他宣誓不买国货了。物品界也可以有害群之马。第三，消耗界也有种种坏习惯应该纠正的。我看起来，印度绸远不及中国绸美丽，而有些女士们偏要衣印度绸。中国现在的草帽论质论式都很好，而有些大人们要花钱买巴拿马草帽。中国现在很难产报纸，而大都市的大报偏偏要学英美式的报章。倘国民政府要作一件善事，顶好即时颁布法律不许新闻纸每天过三大张，过此数者邮局不为递送。这一举就可堵塞不少的漏卮。杂志的主编者大可不必迷信篇幅之多就是杂志的好。在这个年头，乱费纸者就是不爱国。制造要合理化，消耗也要合理化。

上面所举的困难不过是举例而已，此外别的困难必很多。我们如了解这些困难就知道提倡国货应如何下手始能收效。我们所需要的是个国货研究所。国货是为政府及军阀的杂捐杂税所累吗？让国货研究所首先作一个切实的调查，然后将调查的结果充分的发表，以造舆论。这种事，资本家个人不便作，作了恐触当权者之怒。国货研究所不过是一研究机关，无资产可没收，用不着有所顾忌。如果是铁路局子捣乱，也让这个国货研究所去调查事实，继以充分的宣传。事实要正确，宣传要具体。从包头运千包棉花到天津：在包头等车皮等了多少日子；站长索了多少钱；沿途某处假某名目留了多少日子，又索了多少钱；一直到天津货栈为止。我们应该把舆论的日光照照其中的黑暗。这是为制造国货除环境的困难。

工厂工人的效率也应加以研究。在外国，效率问题虽未完全解决，确有了不少的经验，我们大可借镜的。效率与生活有关，工人生活的调节、工资与工作时间的规定、工潮避免的方法及和平解决的方法，这些都应切实研究和改良。厂方经营种种之不合理化应该指点出来。工人与资本家双方的教育都是这个国货研究机关所能作的事。厂里倘发生技艺的问题，研究所应能介绍专家为之解决。所以这个研究所可以说是工业界的参谋部，也可以说是工业界的医院。

关于手工业，我们所能作、所应作的事更多了。工人们不知道买主的心理，研究所可以发给他们图样和模型，并且加以指导。他们所用的原料不合适，研究所应替他们找合适的原料。此外或者我们还有物产未被利用，研究所可以提倡新的手工业。

同时国货研究所应在推销上做功夫。国人不知道哪种是国货，研究所应发表国货指南一类的书籍，先从日用物品作起，附带图画。国人不知道哪种国货是好牌，研究所应替消耗者作试验。我们可以拿牙膏作一个例子。研究所可采买市场上所有的国货牙膏，请化学家加以分析，将分析的报告请牙医士加以评论，并请二十人试用，以决味道的好坏，然后根据这三种研究发表报告。研究所应该发给国货中之优者一种奖牌，一种图记。消耗者可凭这图记购置。这就是把研究所的信用推及于货品。社会对研究所的信用比较容易培植，因为研究所本身是不谋利的。社会的信用既大，工业界的人更愿听研究所的指导，而制造的改良就更容易。

三年前，天津反日会从其所得之爱国捐拨出了二十万基金以设立这样的一个国货研究所。开办仅一月，天津党部借名查账去令停办。今年夏季始复业。我认为这个研究所规模虽小，走的是研究所相当的鼓励及充分试验的机会。

——选自《独立评论》第二十五号（一九三二年十一月六日北平出版）

平教会的实在贡献

中国现在仅管有几个大都市、几条铁路，不少的新工厂、新银行、新商店，我们的经济基础仍在农村。农村破产就是国家的破产，农村改造就是国家的改造。工业当然应该提倡，工业的发达当然间接的可以帮助农村问题的解决，但是因为天然的物产限制，我们的工业，无论如何，在国家的经济上所占的成分不能与英德美相比。等到我们的工业发展到尽头的时候，农业仍会是我们的主要事业。所以国内从事农村改造的人可说真是在治本上作工夫，值得全国的赞助。

我向来对于定县平教会的工作是忽视的，因为我以为平教会就是平民千字课。平民认识了千个字又有什么好处呢？同时我又觉得晏阳初先生的口才太好了，无形之中对他的言论存了几分戒心。近来因为农村经济的破产，又因为平教会的工作引起了争执，所以我决定亲自到定县去考察一次。据我现在所知，不但以往我自己的印象错了，就是别人批评平教会者及赞扬平教会者似乎都没有找到平教会的真正使命，反为许多枝节问题蒙蔽了。连平教会的干事也似乎未完全认识他们的工作对现代的中国究竟能有什么贡献，换句话说，还没有找到自己的地位所在。

现在我们要改造农村，我们首须记得，农民已穷到万分，乡村的风气已闭塞到万分。我们单独替农村找出各问题的科学解决方法还不够；我们还须使他们相信我们及我们的方法；我们还须顾到我们的方法是他们的经济能力及知识能力所能接受的。譬如：定县最普通的病是痧眼。表面看起来，在人民衣食住还没有着落的时候，痧眼似乎只有暂时不理，殊不知这个病也是定县人民经济困苦原因之一，实不能搁置。旧式眼药虽多，但无济于事。西医能治痧眼，但受过新医学教育的人谁愿到乡村去行医？乡村又那能养得起一个新式医生？这是有科学方法而人民不能受其恩赐的一个好例子。平教会从各村选了一两个曾受过千字课的青年农民，在所设的保健所里教他们治十种最普通而最容易治的病，于是给他们十种药，教他们回到村里作一村的保健委员。我看见过保健员在村里替农民种牛痘、治皮肤病等。这样医学一部份的恩赐始能到平民手里。

又如：平教会现在造了一个新式的纺纱机，两个人合作就能同时纺八十八枝纱。农民在农隙的时候，利用这个机器，可以纺自己所需要的纱，不必从外面购买棉纱。但这个简陋的器具虽每架只需五十余元，农民仍无力购置。这又是个科学的恩赐而农民不能享受的。平教会于是教农民利用合作社来利用这个新器具。合作原是近代社会科学的一个大成绩，其理论及方法早为学者所共知，但在中国乡村推行过合作事业的人都知道推行的不易。人民知识程度太低了，非加以训练不能接受这个社会科学的恩赐。在定县，平教会近年来才提倡合作，但是因为各村都有不少的千字课毕业生及他们所组织的同学会，平教会的推行合作比别处就容易多了。据专家（南开大学经济学院何廉院长）的观察，定县合作社的成绩已经超过别处的合作社。

平教会的事业太多了。改良猪种、棉种，改良和提倡家庭工业、卫生、教育，合作及金融的流通等等无不在那里推行。每件事业都有价值，都值得提倡。但平教会的贡献，据我看来，还不在这些事情的提倡，平教会的实在贡献在把科学和农村连合起来。科学——自然科学及社会科学——好比一个泉源，平教会开了沟渠，接上管子，把泉源的水引到民间去了。换句话说，平教会的试验找到了改造中国农村的技艺和方案。这个技术的中心是各村的同学会。实际在各村办教育、合作、卫生等事业的是同学会的会员，平教会不过站在旁边作指导者。这些同学会员的知识资本就是千字课。士大夫阶级不要看轻了这新千字文，因为它就是现代知识流到民间的沟渠。我们稍微看看千字文的出版品及平教会用这些出版品所组织的平民图书馆，我们就会知道现在因为平教会的努力，中国的平民已有一万个“万有文库”了！并且平民的教育不是纸上知识、口上道德。我看见同学会会员在合作社工作，我看见他们替同村的人治病，我看见他们在街头的小黑板上读当日的新闻及这新闻所引起的关心和愤慨，我看见乡村试验学校的高级学生到亲戚朋友家里去教那班因故不能入学的人这个千字课，读者不要误会：这些职务大部分是全无报酬的。平教会的教育是真正活教育；平教会实在是用教员来造新国民。谁能看见这些新国民的服务精神而不受感动，而不对民族前途抱乐观呢？倘若国内大学的毕业生能有平教会毕业生的精神，中国的复兴是可指日而待的。

我到定县去考察以后，我觉得平教会无疑的找到了改造农村的方案。稍加修改，因地制宜的修改，这个方案是可以推行到全国。至于这个推行将来是否会实现，据我看来，有三个条件：一、舆论界的领袖必须援助。改造农村不能不得罪人。有了合作社，靠高利借货过日子的人就少了收入。有了卫生事业，旧式医生和药铺就少了买卖。平民受了教育，贪官恶吏土豪劣绅就不能横行天下了。除非舆论界对农村改造有真确的认识，这些村庄里的特殊权利者很容易假借名义，阻碍这事业的进行。二、政府要知利用。改造农村的方案能由一个研究机关去发现，但推行这个方案到全国自然只有政府能作。三、学者须合作。农村各问题的解决必须有动物学家、植物学家、昆虫学家、水利工程师、经济学家、医生、甚至政治学家、历史家、文学家的共同努力。平教会只可担任推行到民间去。倘平教会须本身研究这些科学问题，除非它有个包罗万事万物的研究所，是不能成功的，在以往，学术机关实在负了平教会，没有供给它许多泉水可以引到民间去的。

我们如果把平教会的事业看清楚了，就能知其伟大。那末，上文所指的三种协助，我想我们也不会吝惜。

——选自《大公报》星期论文（一九三四年五月十三日天津出版）

跋燕先生的论文

我没有到过定县，我也没有参观过平民教育会，不过我生长在一个偏僻的乡里，至今因为公私的关系常对乡村的情形加以注意。我觉得中国的根本问题是乡村问题。换句话说，中国的问题就是乡村的问题的放大几百倍、几千倍，而乡村的问题就是中国的问题的缩影。各县的县城都是小南京：在这里面，派别的争权夺利都是齐备的；所不同的，在大南京，人们争几百元一个月的地位，在这些小南京里，人们所争的是几十元，甚至几元钱一个月的小差事，而小差事的争夺所引起的愤慨和仇恨往往超过大地位的争执。各县的各乡就是全国的各省：处处都是有人把持；彼此都是不合作，不相让的。同时改革的方案，在各县如同在全国，必须包括技术方面及制度或社会方面，而这两方面都是十分困难的，都须程度很高的改革。我们不要认错了：中国乡村所须要的不是小改革，是大革命。我们平常不说乡村革命，仅因为革命二字在国人的头脑里，总是含着杀人放火的意思，而乡村革命之对像——穷、愚、私——不是杀人放火所能打倒的。此外还有一点我们不要认错了：小缩影的复杂绝不在大像之下。

因为以上的见解，所以燕先生所形容的定县人民对平教会的反感并不全出于我的意料之外。乡村人民对自外来的一切的运动都是怀疑的。“晏先生是四川人，为什么不在他家乡去作好事？”倘若燕先生到敝县湖南邵阳去办平教会，邵阳人也会问：“燕先生是直隶人（乡下尚不知直隶已改名为河北），为什么不在他的家乡去作好事？”其实无论什么贤人善士到任何县里面去，这个问题都会发生。在这种状况之下，一个人能在异乡办点事已足证明那个人多少有点可取。第二，“晏先生在定县十年前以千字文识字课的小教师，现在做了河北省县政建设研究院的院长，就晏先生个人说，的确是很大的成功。”定县人若有这种感想也不是很自然的，因为他们不知道这个千字文的“小教师”有个大理想要去试试，不知道“小教师”原来可以作大教授而为其理想所迫不作，也不知道研究院院长，在定县以外的人（晏先生在内）看起来，并不是一个头品顶带的荣誉。晏先生的人品不在这文讨论范围之内，我确知道他若不到定县去，他所能得的收获，在升官发财方面只有比现在还好。他曾在雅鲁大学毕业，后入了普林斯顿大学的研究院，像他这样的资格和训练而在国内各界居高位者比比皆是，这个院长的地位算不得“很大成功”了。

平教会的宣传，有时我也觉得过火。在中国这个社会里，招摇就是招嫉招祸，所以单从手段上看，过火的宣传是不应该作的。但是事有经有权。处平教会的地位，晏先生既非大富翁，政府又不出经费，不能不靠中外人士的捐款。如燕先生的事业也靠捐款维持，我怕燕先生也要注意宣传。且平教会是一种运动，会中人士务求推广于全国，宣传应该是他的工作的一部分。当然，宣传不应该冒功，但燕先生所指责的各点不能使我们全无疑问。譬如：“一般的农人对于选择籽种、利用土壤，及制造又便宜又好的肥料，因有不记年代的久远的经验，都有有效的办法。”这样说来，中国的农业已是至善尽美，无须改良的。这岂不是替农人“冒功”？又如：“近十年来各村庄都有小学，大村庄并有女学，学校在乡村已经普遍的设立，小学不收学费，无论贫富，都有上学读书的机会。”这好像也有一点替定县旧教育“冒功”的嫌疑，恐怕就是在教育这样发达的定县，儿童失学者及成年不识字者仍占多数。至于燕先生所指责的养洋猪及洗衣服的笑话，证明平教会仍须努力研究，使农民能得着能力所及的卫生方法及改良畜种方法，不是证明平教会不应该提倡卫生及改良畜种。在十九世纪的下半俄国知识阶级初作到民间去的运动的时候，这类的笑话也演出不少，可见士大夫阶级，不分中外，对于民间情形，都是一知半解的。我希望平教会不要因为有人批评而停止工作，反而要因此作进一步的研究和努力。

在燕先生的眼光里，平教会不但无功可言，且在定县有种种的恶影响。第一，他说平教会使定县人民的生活奢侈化了，因为会中的职员作了奢侈的榜样。这种影响，我想是可能的，但也是不可免的。我们试平心静气的想想：我们过惯了都市生活的人是否能够过乡村的生活；并且倘若我们饮食起居各方面事事都平民化，我们是否能够维持工作的效率。此中的困难不是我们的生活程度过高，是平民的过低。我常听人说，二十个中国工厂工人始能作一个美国工人所作的工。生活程度的高低与工作效率的高低是很有关系的。我以为少吃少作不是个好办法，或是因为日常生活不舒服致工作减少也不是个好办法。我相信燕先生所批评的是有根据，我不过要说明这个生活程度问题还有一方面是燕先生所未顾到的。

第二，燕先生说平教会引起了“教党与非教党的冲突”。所谓“教党”就是平教会的一万名会员，“非教党”就是未入会的三十万人民。“结果，从前一般老百姓受数十人的欺压，现在反受一万人的欺压了！”燕先生这段话，我想也是有根据的。总而言之，就是定县现在统治阶级换人了。换句话说，平教会无形中在定县执行了一个大革命。那些原来得势而现在失势的人自然不满意平教会；在革命过渡的时期，社会总有些不安。这都是极自然而且免不了的现象。为国家前途计，比较要紧的是下列诸问题：（1）我们不换乡村的统治阶级能执行乡村改革么？（2）中国现在能免除统治阶级而完全实行民治么？（3）定县的新统治阶级是否比旧统治阶级更加黑暗，还是稍为开明？换句话说，定县老百姓的负担是加重呢，还是减轻呢？我以为燕先生这段批评由于偏信定县的失意的小政客和旧绅士，以他们的言论作为老百姓的言论。如我们以这般人的言论为社会公论，那乡村的改革是永无希望的，因为他们利在维持原状。

第三，燕先生说：“在平教县长审理讼案的时候，亦常以农村经济破产为理由，训戒‘地主’不得压迫‘租户’，‘债主’不得压迫‘借债人’。”他又说：“因此抗债抗租这事日多，平教县长只本主义而行，并不依法办理。”这段批评，我相信也有根据，不过我以为平教会的这种办法是对的。我们若不减杀地主和债主的压迫力，乡村经济的复兴是永无希望的。“耕者有其地”根本是正当的，势所必行的。唯一的问题是这种改革将拿杀人放火的方法来实行，还是由政府用调济的方法逐渐执行？可惜评教会还只“训诫”地主和债主。燕先生说：“河北省军警当局把定县划作赤区。”果然，则足见当局不能分赤白。燕先生又说：“平民教育会在定县潜伏反动势力。”“反动”二字岂不是有点不当，有点故意中伤。我们看了燕先生这段批评更能了解他的立场。他对于定县的原状，无论是农业或教育，是完全满意的。谈到定县现在的政治，他是与失意的政客和乡绅表同情的。谈到定县的经济政策，他是偏袒地主和债主的。所以他的批评，与其说是代表定县三十万老百姓，不如说是失意绅士和地主的恶感的反映。

中国农村问题是十分严重、十分复杂的。士大夫阶级十之八九尚置之不理，以为问题并不存在。政府又只有纸上复兴计划，也感觉无从下手。在这个当儿，幸而有少许志士愿到乡间去试验。在此试验期中，错误是免不了的，因为谁也没有得着此中的秘诀；试验者因个人性情的特别也免不了有开罪于人的言行，因为人都是不完全的；改革的方案总要使一部份人士不满意，因为利害的关系和人们守旧的根性。我们不到民间去的人，对这种试验，只应有善意的贡献意见，不应有恶意的破坏。以燕先生的地位，我相信他能帮助平教会改良工作的方法，同时也能替平教会解除同乡的各种误会。我因为燕先生所提的问题的重要，写了一些浅见，作讨论的引进。

——选自《独立评论》第七十四号（一九三三年十月二十九日北平出版）

地方行政的几个问题

中国立国以来已有几千年的历史了。中国以往的行政可以说是消极的，人民对于政府除了司法和纳税之外差不多没有什么关系。在那时施行消极的行政倒还不会发生怎样大的害处，但是现在的行政如果仍旧消极，国难就不能解除，国家就不能保持它的地位，所以消极政治必须改为积极政治。

中国，是个落后的国家，欲谋立足于世界非使它现代化不可。在现代化的过程中，政府必须负极大的责任，因为人民的力量太薄弱，政府要把政令推行到民间去，须得靠地方政府，尤其是县政府。近年来中央政府和省政府颇多改革的地方，但是县政府却没有什么改变，还是和以前差不多。讨论政治的人多注重中央政府次则省政府，对于县政府却很少有人注意的。这可以说是革命不彻底。我们知道，所谓国力就是人民的力量，人民的经济程度知识程度和爱国心理都是构成国力的要素，所以根本的国防是全体人民的力量的提高，倘只有近代式的海陆空军，而人民的知识，生产方法和习惯是中古式的，那我们的国防还是没有解决。地方政府的种种问题不能解决，中央政府虽然有好的政策也是没有用的。

现在地方政府应做的事业约有下面五种（一）治安：大家都知道地方如果没有治安，人民的生命财产就没有保障。长江一带的各县治安大致都很不错，但也有县份有匪徒的骚扰。各县都有军队、保安队、警察、壮丁队和保甲层层的保障，然而治安还是不能维持。我们要知道多一层即多一笔经费，人民即多一层负担。中国人民大多数安分守己，作土匪的都是为饥寒所迫。我恐怕照我们现在的方法，愈要维持治安，治安愈不能维持。（二）教育：中国究竟多少人识字，这种数字，一向没有精确的统计，大概全国识字的人不到百分之二十，人民知识这样低落的国家当然赶不上人家的。所以地方政府第二件应该进行的事业就是推广教育。（三）生产方法的改良：中国因为科学不发达，生产也就落后，生产的方法大概都是费力而不经济的，所以地方政府应该帮助人民改良生产的方法。（四）卫生：地方政府应该帮助人民使他们过比较卫生的生活，人民因为只是程度很低，不晓得卫生，所以身体都不十分健康，人民身体不健康其他各方面都要受到它的影响的。（五）交通：在交通方面中国现在虽然已经有了许多大的干线，但是在实际上光是干线还是不够用的，地方政府应该更进一步谋乡村小路的发展。

以上所说的五桩事情，没有人说不是应该办的，不过去办的时候有许多困难。第一是经费的问题。我在上面已经说过，要有治安一定少不了军队、保安队、团队和警察等等的组织，然而这些组织是需要经费去维持的，教育也是一样，没有经费那能谈得到教育的普及；改良生产方法在创办时需要更大的经费；讲到卫生也是如此，据统计乡人每年每人用在卫生方面的经费平均不过一角，所以没有相当的经费，近代卫生医药是不能普及到乡间去的。事业既非创办不可，而经费又这样困难，究竟有没有解决的办法？解决的办法是有的，我们可以从整理田赋得到解决的办法。因为田赋等待改良的地方很多，有许多田主是不纳粮的，有的甚至抗捐。据办理地方行政有经验的人说，我们就是不谈实行平均地权，只要所有的农田都纳税，各种要办事业的经费就可以不成问题了。所以整理田赋是解决地方行政问题的先决条件。举个例来说吧，江宁县从前每年收入只有三四十万，经努力整理田赋的结果，现在收入达八九十万，这是大家都知道的事情。我们现在不但没有实现孙总理平均地权的教训，就是赋税平均一点也没有做到。革命是和田赋有密切关系的，政府如果能帮助人民把田赋弄得平均，政府的力量一定可以大大的增加。中国二千县当中得到平均田赋的县分实在很少。只要大家肯努力不是没有出路的。第二是人才问题。一般大学毕业的学生大都不愿下乡工作，理由是因为乡间生活太苦。其实他们所得到的学问也是太欧化太不能适合中国的国情。学政治的人，问他们英美德法意等国的政制，他们很熟悉，可是如果问他们中国的政制就茫然了。学市政的也是一样，他们只知道伦敦、纽约、柏林、巴黎的市政，对于北平、天津、汉口、上海等地方的市政就不很清楚。所以中国的学生对于本国的情形太隔膜，他们所学非所用，就是愿意下乡在县政府里做事，能够出力的是很少的。因此，办理地方行政的人就感觉人才缺乏的问题。一方面感觉人才缺乏，他方面遭受失业的痛苦，要免除这种情形不是没有办法的。我们只要把大学教育加以改革，使中国化，不要使学生生活离开社会生活太远，这个问题与地方政府关系很大，如能把它解决是一举两得的。地方政府的建设事业还有一个困难问题，那就是心理问题。中国人因为家族观念太深，所以为政府做事，往往为家庭所累，有用人之权的人如果遇到有用人的机会往往把他的亲戚用进去，不管他的亲戚是否称职。这是因为国家观念薄弱家族观念太深的缘故。在现代我们应该把这种封建思想扫除，国家前途才有希望。还有一般人的人生观也应该加以改变，我们做事的目的不是升官发财而是事业的成就，为国家人民谋福利是人生无上的光荣，我们如果能把这种高尚的积极的人生观养成风气，那种消极的卑劣的人生观的革除也不是没有希望的。

上面已经说过，办理地方政府建设事业的困难是财力人才和心理，这三个问题既然都有解决的方法，那末事业的成就是靠我们努力了。

——选自南京《中央日报》（一九三六年七月二十四日）

建设的出路不可堵塞了

我们的出路，在对内对外两方面，均不能不求之于建设。所谓建设就是物质的和制度的创造与改造，就是全民族生活的更换，就是国家的现代化。我们先就对内说，近年讨论国家危机的人多归罪于外人的经济侵略及帝国主义，当然，外来的压力是我们生活大崩溃的原因之一，但断不是惟一的原因，或者也不是主要的原因。在未受外来的侵略以前，我们的天下已是治乱互相循环的，我们的历史已满布同室操戈的丑剧。远的不说：就是明末清初的大屠杀，如张献忠在四川所表演的，其恶劣远在近来我们所见者之上。彼时人民生活的困苦恐怕比现在亦只有过而无不及。根本的原因在于我们历代都靠单轨的农业过生活，而这农业，因为科学不发达，久已没有技术的进步。所以等到天下太平久了，人口大大的增加了，人民及政府就都无法对付，只有听其自然。于是有些跟着绿林领袖去为匪作盗，有些卖身与割据的群雄。加上天灾瘟疫，剩余人口自然消灭了，民生问题就如此解决了。现在我们得着科学和机械，我们初次能有积极的解决。我们一方面能改良农业，一方面又能发展工业，把单轨的经济变成双轨的。这是我国有史以来初次能得的解放。对于这个机会我们还不想充分利用，还是怀疑踌躇，那我们岂不是自暴自弃吗?

次就对外说，在最近几年之内，我们外交活动的能力及我们的国际地位大半要靠我们建设的成绩。近来批评政府外交的人多说政府对日的事事迁就可以使我们丧失友邦的同情及引起他们的误会。现在外交当局是否深知国际的形势是另一个问题；至于政策，我们当前大体上也就只能这样。以国内的现况，我们谈不到复仇，也谈不到联这国、联那国。近二三年来，美国比其他国家要算对我们最表同情了，但是美国对我们的态度很像一个富翁对于一个穷而无用的远亲。我们今天求救济，说没有饭吃，没有衣穿了；明天求援助，说某邻居又欺侮我们了。对这样的一个远亲，谁能不讨厌呢，谁愿意认亲呢？乞丐在社会上不能活动，不能有地位。一国在国际上，也是如此的。近年偶有外人替我们鼓唱的总是说：中国居然在困苦中建筑了长江的大堤，修了这多公路，添了若干里的铁道。我们以后要引起国际的同情也不在乎我们对日强硬的程度，而在乎我们建设的成绩，倘若苏俄第一个五年计划失败了，你看她的国际地位能如有今日吗？没有建设，没有提高我们自己的力量，纵使得着外援，我们还是别国的附庸，自己不能在国际上成一个独立势力。

三四年以前，全国几是一致的笃信建设。最近风气似乎又转了，由笃信以致于怀疑、反对，建设的前途大有堵塞的可能。阻力的所由发生很值得我们的研究，第一，人民对建设的反感由于以往成绩的不良。我们试拿浙江省作个具体的例子。浙江的建设是中央最注意的，其事业之多亦在他省之上。自一九二七年到现在，浙省建设厅共修了三百四十公里的铁道，一千二百八十公里的汽车路，总费两千四百万元。此外在电业及水利方面，省府亦略有建设，但主要事业还是路政。譬如：一九三二年，浙省建设的总预算是九百多万元。其中百分之四十四费于汽车路，百分之三十三费于铁道，百分之七费于河流，百分之七费于电话。这是浙省近来建设的总成绩。据专家的研究，这种建设的利弊颇有问题。第一，浙省在一九二七年以前，田赋几全无附加；自一九二七年到现在，各县的附加少者等于原额的二倍，多者至五倍，名目之多有一县附加三十余种者。这种附加虽有用于教育、治安及别的事业的，但建设占不少的数目。在这民生困苦的时候，无论用何名目，一加增人民的负担就难得社会的同情。第二，人民加增了负担以后，如能充分利用新交通，那或者还合算，但因汽车运费过高，乡民的货运仍靠人力。汽车营业不发达，尤其是货运的缺乏，证明公路的建筑不一定就是我们当前的急务。第三，因为注重了公路，经费大部分也用在公路上，于是河流就无法维持和改良。江浙民间向靠水利和水运。我们现在为建设民间所不能利用的新交通工具，竟致废弃民间所能利用的，最便宜的水运，难怪我们愈建设，乡村经济就愈不景气。

有了以上所举的毛病，又加上舆论界过端的批评，停止建设的呼声就自然起来了。我们国人素好作过激的，不原情的批评。就浙江的建设而论：第一，公路及铁路的建设，除经济的收获外，尚有政治、军事及文化的作用。世界各国的交通都是如此的。第二，经济的收获不大的原因一部分或者是由全世界经济的不景气，致内地的丝茶找不着销路。我们不能完全责备建设当局事先无周密的计划。第三，全国对于建设实无经验，数年前，凡谈建设的人谁不以为建筑铁道及汽车路是当前的第一急务？我们拿事后的眼光来批评当局事前的设计，未免太不恕了。因为我们没有经验，我们只好模仿。外国大修汽车路，于是我们也大修汽车路。这种死板的抄袭不是我国工程司独有的缺点。国内讲政治制度的人徒知抄袭者实在太多了。我们要知道，抄袭是学习的初步，不能避免的。

不良的成绩及过端的批评是建设的两大阻力。因为我们的出路不能不求之于建设，这两种阻力是不能不消灭的。无论成绩如何不好，不足证明我们应该停止建设，只足证明在设计方面，我们应该加倍的努力。负建筑责任者，不但要解决工程的问题，更要注意社会的与经济的状况。我们要时刻记得，适宜于英美者未必适宜我国，在英美各国不素见的建设，或者反是我们所需要的。我们希望政府本此精神，大胆的努力于建设。

——选自《大公报》星期论文（一九三四年三月十一日天津出版）

北平的前途及古物的保存

——“这一星期”之七

六月二十一日，北平故宫博物院的理事江瀚氏向新闻界发表了书面谈话。他所报告的有三件事情：第一是故宫暂时局部的开放办法；第二是南迁古物的现状；第三是这些古物的将来处置。关于最后一点，他说过：“俟时局大定，并须请求根据原案，陆续迁回，恢复原状。社会人士，或当一致赞同也。”

提及古物的迁回问题，社会人士就要问：究竟北平有无保存的必要？所以在未讨论古物以前，我们应该讨论北平的前途。

有许多人现在讨厌北平，以为北平是中华民族复兴的障碍物，他们说：上次塘沽停战协定竟得着了少数士大夫的赞同，其故不外乎士大夫爱惜北平。倘若我们下了决心要牺牲北平，那末就无人赞成停战协定了。因此反对停战协定者就反对北平的爱惜，就以为北平不足爱惜，不应爱惜；爱惜北平者是妥协分子，屈服分子，贪图苟安者，民族的罪人。还有些人以为北平是腐化中心，暮气太重，足以予我们精神文化不好的影响。他们说，北平生活太舒服了，在此地居住的人决不能奋发有为。本来迁都给了北平莫大的打击；日人的侵略和古物的南迁，停战协定所引起的反感，及一般人对北平空气的不满意几乎不待日人来灭北平就自动的把她消灭了。

我是个爱惜北平者。我觉得北平事事可爱，处处可爱；宫殿庙宇图书馆诸大建筑固可爱，小胡同，破场亦可爱。我还记得我初次观北平的印象。我当时对我自己说：现在我才知道我们民族的伟大，为什么我们的文化是东亚文化的正宗；这样的京都配作一个大帝国的京都；我们的祖宗能有这么伟大的建设，那我们及我们的子孙也能够。北平是我民族的至宝伟业，同时也是我民族的希望和鼓励。北平以外，我们当然还有别的旧都，如西安、洛阳、开封、旧南京。我观了这些地方以后，我总是想我们是败家子弟，觉得民族是绝望的。看看北平，我还觉得有希望，有挣扎的可能。老实说，中国现在所有的城市哪一个配作我们民族潜势力的代表？是上海、天津、汉口么？到这些地方去的人哪一个不是赞叹外人创作力的大而可怜中国人的无用？我们若要给世界的人一个证据，证明我们不是劣种，是个伟大的民族，还有什么证据比北平更好呢？

我最痛快的经验是陪着一个外国人去观北平。我用不着说话，我只须陪他看看三殿、游一次北海、进一次孔庙和国子监、登一次景山，他就不想中国人都是些不识字的、拉洋车的、洗衣服的、作买卖的、贩卖西洋货物和文化的。他无形之中对中国人的尊敬也提高了，我的自信心和对民族的信心也就无形之中提高了。

倘若北平是我民族复兴的障碍，那么毁了她也就算了。不过上次的停战协定何尝是因为爱惜北平而成立的？并且毁一个北平我们就能转败为胜或引起外援吗？倘若停战协定不成立而北平就整个的白白的送给日人又有什么好处呢？至于北平的腐化恐怕不在新都之上。中国人要腐化什么地方都可以腐化，不要腐化什么地方都可以不腐化，与北平何关？

民族复兴要个新的地域中心，所以我们不能不建设新都。这个看法是我们赞成的。但是旧都不是新都的障碍，在未建设新都之前，何必毁旧都？不但都城如此，一切事业都是如此的。“先破坏，后建设”是革命党的口头禅。这个口头禅，如同其他的口头禅，只有一部分是对的，实行的时候还须斟酌。我们要记得有许多事情没有旧的就不能建设新的，真的进步是超旧的之上而有所发明。最彻底的革命家如列宁也不主张人类应先回到古石器时代然后能建设共产的社会。

北平现在竟变为边疆的守御者，她的地位比以前更加要紧，以后我们应该更加努力于北平的维持。文化事业的推进是维持的方法之一，一切建筑的修理和市政的改良也是维持的好方法。最要紧的，莫过于故宫博物院的恢复。因为北平的各种事业之中，最有世界价值的莫过于故宫博物馆。

同时我也承认故宫里面的东西不是北平一个地方的财产，是全民族的公有物，这些东西的分配应该顾到全民族的利益。好在故宫的物品重复的不少，有许多也只有金钱的价值，没有文化的价值。我现在提出一个合理化的办法：

一、政府应于北平、南京、广州三处各办一个国立博物院。

二、故宫物品重复者，应于三院各置一件。分派的时候，北平应有优先权，南京次之，广州又次之。

三、物品无重复者，应概归北平保存，但运输如不致有损害，可轮流在三处展览，并且此类无重复的物品，倘若北平其他文化机关已收藏了，应划归南京或广州。

四、只有金钱价值，无文化价值的物品一概出卖。其进款可作为建筑或修理博物院之用。

五、政府组织一个全国博物院委员会，来执行这个合理化的计划，内教育文化界占多数，工商界占少数，而党国军三方面的要人一个也不加入。

最后我要说一句话：如我们要全世界知道北平与中华民族关系的重要，最好的法子是我们自已相信北平的重要而爱惜之。

——选自《独立评论》第五十七号（一九三三年七月二日北平出版）

民族复兴的一个条件

凡抱有事业志愿而入政界者，十之八九在极短的时期内无不感叹的说："在中国作官可以；作官而要同时作事，很困难；作事而又认真，很危险；认真而且有计划，那简直不可能。"为作官而作官的，只要人人敷衍、事事通融，反得久于其位，步步高升。官场最不可缺的品格是圆滑，最宝贵的技术是应付。这种自然的淘汰是淘汰民族中之强者、有能为者，保留民族中之弱者、庸碌无能者。

这种风气的盛行已太久了，在前清宣统年间，全国所认为罪魁的是盛宣怀。其实当时的权贵，哪一个作的事之多且大可以比得盛宣怀？社会对其贪污之厌弃，固是公论，但对其所创造之事业曾无一词的赞许，这岂算得公道？在光绪年间，权臣最受御史的弹劾及清议的批评的就是李鸿章。其实在光绪一朝，集其他人物的一切事业还不及李鸿章的事业的一半。在中国几千年的历史中，有几个人敢于大规模的改造传统的制度？这几个人的名誉又如何？秦始皇创造了大一统的中国而论者只知其"暴"，那班假托为封建诸侯复仇的反得着了二千余年的士大夫的同情。王莽及王安石乃我民族仅有的社会经济改造家，而二人之为奸，在士大夫的眼光里，只有程度的差别。这种空气只能培养高官达爵，不能产生事业家。

政界如此，其他各界亦复如此。最可痛心的是这种病态心理已深入教育界。现在在这界服务的人大多数只愿担任教学，不敢担任行政；担任教学的人大多数又只愿讲学，不愿督学。我国教育之宜改良，这是人人承认的。但是教育部长、校长、院长、系主任一动手改革，那就满城风雨了。若以报纸所载的为根据，中国人的理想大学是这样的：对教职员无论如何不裁人；对学生不收学费，津贴愈多愈好，按期发文凭。其实在我国的学术早已化成资格的造就。科举虽废了，科举的心理尚存在。

世界上只有一个民族，其注重个人主义可以与我们相比，那就是盎格鲁撒格逊人，但是他们以自食其力为荣，食人之力为耻；我们以自食其力为耻，食人之力为荣。他们崇拜英雄，事业家；我们不崇拜。在他们的社会里，不作事而说便宜话的没有立身之地；在我们这社会里，不作事者的骂人就是清议。英美是民治制度最发达的国家，但英美人民并不惜以重权付诸其领袖；我们号称几千年专制的国家，但在我们中间，有一人操权，就有百人忌他、骂他、破坏他。英美的个人主义是为个人谋创造的自由及机会，同时鼓励别人的创造；我们只有地位欲，没有事业欲，我们不图创造，亦不容别人创造。

前几年，有位青年朋友来找我，要我替他在南京政府里谋一差事。我问他能作什么，希望什么薪金。他说他能抄写，希望六七十元一月。我就告诉他，这六七十块钱也是人民出的，应该替人民作六七十块钱的事情。他的回答很愤慨："在南京拿六七百元一月而全不作事的太多了，你何必计较这六七十元呢？"三十几年以前，中俄合办中东铁路的时候，俄国要保存合办名而实行独办，于是把位高禄厚无事的督办位置给中国人作；我们以为占了便宜，于是心满意足。近代在所谓中外合办的事业上，外人利用我民族这种弱点者还不仅俄国。

我们不要以为我们几千年来一切的国难都敷衍过去，这一次也能敷衍过去。我们现在所处的局势是几千年来未有之变局。美国提高银价，我们的农工商业就受重大打击：只有国家积极的政策始能挽回万一。英国要联日以制俄，我们就成了英国送给日本的礼物：这也不是靠圆滑的无为所能阻止的。日本放弃金本位，我们的幼稚工业就受压迫：这不是各工厂各自努力所能抵抗的。日本要为大和民族谋万世安全，我们就发生存亡的问题？这不是我们"独善其身"的传统哲学所能补救的。这种外来的压力，如同黄河长江的洪水，非有强有力的政府，积极作事的政府，及全国的总动员，是无法抵御的。现在的世界是个积极的世界，事业的世界。

在这个当儿，我以为我们要首先改革我们的人生观。圆滑、通融、敷衍，以及什么消极、清高都应该打倒。我们要作事。我们要修路、要治河、要立炼钢厂、要改良棉种麦种、要多立学校、立更好的学校。我们要作事，吃苦要作事，挨骂也要作事。官可不作事要作。别的可牺牲，事业不可牺牲。作事的人，我们要拥护、要崇拜。说便宜话的人，纵使其话说得十分漂亮，我们要鄙视。对一切公私事业，只要大政方针不错，我们只有善意的批评，没有恶意的破坏。我们知道，我们现在所作的事业都是新事业，是我民族没有经验过的事业。作或者要作错，不作则永远作不好。作尚有一线之望，不作等于坐以待毙。

革除地位的人生观，抱定事业的人生观：这是我民族复兴的先决条件。

——选自《大公报》星期论文（一九三四年七月八日天津出版）

青年的力量 (节选)

经过一年半的抗战，我们应该彻底的觉悟当前宝贵的东西莫过于国家的力量。有力的国家才能生存，无力的国家必遭淘汰。这是国际竞争的铁律，无法逃避的。所以国力问题，是当前一个绝对重要的问题。

国力是什么？国力就是一般人民的体力、智力、道德力、生产力、组织力集合而成的。一般人民之中又要以青年的力量为其主力。倘若一个国家的青年是软弱无力的，那个国家是无希望的；反过来说，假使一个国家有有力的青年，那个国家的前途一定是光明的。

青年们，你们第一要发展你们的体力。希腊人说："有康健的心灵寓于康健的身体者方算完全人。"英国人说："大英帝国建设于学校的球场上。"这两句话都是含有很深的意思的。一个体力不健全的人，不但生产力和服务力不能发展，就是知识力和道德力亦无从培养。文学家蒲特莱Butler曾说过："生病的人，应该坐监牢，犯罪人应该入医院"，他的意思是说犯罪的人，一定是神经失常然后犯罪，所以社会应该原谅他们，送他们进医院去医疗。至于生病的人那是不可原谅的，因为倘若一个人有卫生的常识，善自预防，对于饮食起居、运动，加以相当的注意，何至生病呢？所以生病是件可耻的事情，要作好人，必须先作好动物，我们这民族最根本的毛病是我们的文弱。许多别的毛病如虚伪、敷衍等等：皆因文弱而起。

至于知识和道德的重要，这是你们所素知的，用不着我多说。我国历代圣贤的训诲，不是教我们怎样治学，就是教我们怎样为人。百年以前，海禁初开的时候，一般士大夫都说，外夷的船坚炮利或者在我们之上，但是法制礼教，外夷那能赶上我们呢？现在还有人相信西洋文化是物质文化，只有东方文明才是精神文明。这个东西文化的比较问题，此刻我们不必讨论，我们的精神文明有其特别优美之点，这是任何人所不能否认的，同时我们却又承认我们知识和道德有不适于时潮的。我们的知识多是文字的、书本的。我们平素的求知不是以实物事实为对象，而专以书本为对象。我们所得的知识并不能帮助我们克服我们的环境。简单的说，我们的知识缺乏力量。青年们所需要的知识是动的，而且能发动的。我们的道德亦复如此。我们偏于消极，过于注重形式。上焉者作到独善其身，下焉者还不是以虚伪油滑度日？我们现在所需要的道德是积极的、兴奋的、前进的、发动的。青年们，无论你们是讲究治学或是为人，你们应该以发动力为标准。知识道德能发动我们内在的力量的，我们应该去追求，否则我们让博物馆去保存他们。

青年们，你们的苦闷，岂不是因为你们感觉自己的力量不够？你们的企图很多，你们要为自己找着光明的前途。同时你们要为民族国家打开一条向上的出路。但是你们感觉无从下手，左右为难，我劝你们先从培养自己的力量下手。你们应该培养自己的体力、知识力、道德力，你们先求诸己，先自助，先决志自力更生，然后你们要发现，自然而然的要发现你们的前途是光明的，国家的前途也是光明的。

除了身体、知识和道德三种力量是我们所能开发的以外，我们还有一种力量的源泉，那就是主义的信仰。一个人有了很坚强的主义信仰，他的力量就增加了好几倍。不幸近年来这个世界成了一个主义纷乱的世界。有些国家信奉各种相互冲突的全能主义，各种宣传和反宣传弄得全世界乌烟瘴气，使许多人无所适从，有少数青年不加考虑，盲目的以为舶来品总比国货好。还有少数则麻木不仁，什么主义都不信仰，不讲究。我国青年因为缺乏坚强的共同信仰，所以就缺乏力量。诸位青年们，你们如平心静气地去研究三民主义，你们定能发现孙中山先生救国方案的伟大，他的三民主义不但顺应世界文化的潮流，而且本源于我国的历史，适合乎我国的国情。譬于近代的经济发展，西洋科学发达到相当程度以后，工业就起来了，生产力就大大的增加了；然而社会贫富不安，阶级相互仇视，科学和工业的恩赐，少数人占其大半，大多数的民众反只占其小半，国家重要的资源，被少数资本家霸占了，金融和交通的枢纽也被他们把持了。

中山先生一面要鼓励经济建设，提高我们的生产力，同时又要预防西洋经济发展的流弊，所以他创造民生主义。国民政府秉承总理遗教，推行了不少的经济建设。我们的矿业法把全国的矿区分为两种，其重要者定为国营矿区，次要者划为商营矿区。这样，我们的重要资源，一定不会像英美完全流到少数人手里，我们的资源已预定为全体人民的产业了。自从中中交农四个国家银行确立基础，如财政部三年前施行法币以来，全国的金融权已到政府手里，私立银行此后只能辅助社会和政府，不能操纵金融。至于交通工具，其主要者如邮、电、铁路、公路早归国有国营。你们平素或者不甚注意这些事情，因而不了解其重要性。实际则民生主义已在我国发生了它的伟大作用了。

我们如再研究各国的政治发展，我们也要发现我们的优越地位，十九世纪是个民权世纪，各国都走上宪政的路，保障人民的自由和参政的机会。大战以后，忽然趋势转变，有些国家否认个人的自由。近年全能的国家简直把人民当作牛马看待。倘若个人毫无自由，那人生有价值吗？幸而中山先生没有为反动潮流所误，在他的四十年革命历史之中，他没有一日忘却民权。并且他为我们定了军政、训政、宪政三个完成民权必经的阶段。至于民族主义，那更是天经地义，无人敢否认的。

——选自重庆《大公报》（一九三八年十二月二十一·二十二日）

非常时期之青年

诸位同学，余本日所讲“非常时期之青年”，乃论万一国际战争发生时，全国青年应负之责任与工作，而应付紧张之局面也，当一九一四年欧战开始时，余恰在欧洲，目睹欧洲各国青年之工作，目今时局濒危，世界大势又复如斯，万一国际间大战爆发，全国青年究应作何项工作，是乃极重要之问题，兹先述上次大战欧美各国青年工作情况，作为参考。

在上次大战时，欧美中学学生百分之九十五仍继续读书，小学学生辍学者更属罕见，故中小学生并未参加实地战事工作，但有关于战事宣传之开会、游行、散放传单，以及为将士募捐等工作，却无一不曾参加也，至于大学学生，则有百分之八十加入战争工作，余者亦参加与战事有关之工作。当大战爆发时，凡在战区之大学校，悉行停办，而于未遭军事区域之大学校，仍皆照常上课，唯师生人数突减，较诸平时，已有天渊之别矣。

一九一六年，余适在美，当时美国虽尚未宣战，但各地学校已皆加重军事训练，而作战事之准备；及至一九一七年，美国正式对德宣战，大学生即已有百分之九十驰赴前线或后方工作。是故上次世界大战，大学学生对于战争上具有莫大之贡献也。而于德国，尤有永不磨灭之功绩，因战事之关系，德国自与他国不同，全国一致，无一事非有关战争之行动也，当时全国青年，唯一要务厥为加入军队，故除少数年龄未合或身体残疾者外，几乎全国皆兵，而未从军者，亦咸皆参加与军事有关之工作，且虽年龄未合而若身体强壮者，仍得自动加入军事工作，故至今日，欧洲各大学中皆有参战同学死难纪念碑耸立，可想见当日之精神也。

西洋大学青年，富有知识、身体强壮，与夫作战之勇敢，尤非我国青年之所能逮，故加入军队之大学学生，皆充中下级军官；且因欧美军队将士，均为知识阶级，以故大学生加入军队之后，协力同心，收效颇伟，此与我国实况，则迥乎不同矣。

当战幕初启，各国青年纷赴前线工作；一二年后，均感后防军需制造乏人，遂将具有专门技能者调回后防工厂工作；复因战时后防机关需人孔亟，故于具有专长之青年中，遴选一部充任行政官吏；更因战争之国际化，各国合力作战，难免需要翻译人员，此项工作，洵当以大学学生充任方能胜任愉快也。至于大学女生，因体力所限，则参加救护工作，或赴前线左近，举办青年会，烹煮咖啡蔻蔻，置备报章杂志，用以调剂军士之生活；又因粮食不足，而男子又均已参加战争工作，故不得不由大学女生担任耕耘事务矣。

兹者，世界大势之千变万化，竟在瞬息之间，万一世界二次大战发生，则我国民究应作何准备，此实当今之要务也。而中西环境有异，民族个性不同，虽知欧西青年战时之工作已如上述，但未必尽可依作借镜。兹就我国情势，愿将非常时期青年之工作，胪述于下：

（一）大学青年凡对军事有特别技术者，均应加入军队，盖因现代战争已趋科学化，故应以专门知识而佐其力。（二）举凡军事有关之后防工作，如军器之制造、交通之建设等，大学学生不能辞其责。（三）后防治安之维持工作，亦以由大学学生担任为最适宜，因我国环境，凡遇战事发生，军队警察开赴前线工作时，地方土匪必蜂拥倡乱，故大学学生应担负此项后防维持治安工作，后防治安无虞，前线战士方能一心用命也。（四）后方宣传工作，如印发报纸、举行演讲、无线电广播等，亦皆应由大学学生担任，庶可鼓励人心，向前作战。（五）大战时，全国人民皆当以作战为唯一目的，省衣节食，以裕军需，精诚团结，庶增实力，是故民众组织，实系要务，此项工作，亦以大学学生担任为最适宜。（六）红十字会救护工作，需要适当知识，若以大学生（女生）充任，允能克尽厥职。（七）大战之起，人心恐慌，谣言丛生，实难避免，凡属知识青年，亟应设法辟谣，安定人心。上述种种，仅就工作而言，兹更述工作实行应采之态度四项如下：（一）努力战争工作，勿问地位之高卑与收入之多寡。（二）凡有特别技能或知识者，当尽其所能，供于战争；无者，亦必凭已之常识，而任辟谣工作。（三）坚信国家观念，并使普及。（四）担任地方治安、民众组织，或宣传工作者，当以回乡工作为宜，俾易明了本地情况，而易得人民之信仰也。

以上所论，乃二次世界大战爆发时全国青年应负之责任与工作，虽当政府贯彻和平主张之际，然而国际大势有非吾人意料所能及者，故宁备而不用，亦勿临渴而掘井也。诸君共勉旃。

——选自天津《大公报》（一九三五年十二月三日）

第二辑

知识阶级与政治

我这里所讲的知识阶级是指专靠知识生活的人，那就是说，指一般以求知或传知为职业者。这个阶级包括教育界及舆论界。此外政界及法律界与知识阶级最近，且最容易混合。工商医界距离较远，但其中人常有人著书立论，以求影响一时的思潮，这类的人当然也是算为知识阶级的。

知识阶级与政治的关系固极重要，但不可言之过甚。在中国，因为以往读书的目的和出路全在作官，又因为我们平素作文好说偏激和统括的话，于是有许多人把救国的责任全推在知识阶级身上。自我们略知西洋历史以后，一谈法国革命就想起卢梭，一谈苏俄革命就想起马克思和列宁。这些伟人不是知识阶级的人物么？他们所作的掀天地动的事业，我们也能作：至少我们这样讲。九一八以后，因为大局的危急，国人对知识阶级的期望和责备就更深了。我们靠知识生活的人也有许多觉得救国的责任是我们义不容辞的，我们不负起这个重担来，好像就无人愿负而又能负了。这样的看法自然能给我们不少的安慰。

可惜这个看法忽略了几个基本事实。第一，知识的能力虽大，但是也有限度，利害、感情、习惯、群众心理往往抵消知识的能力。历史家研究革命者并不全归功或归罪于某思想家。第二，中国人民受过教育的太少了，思想号召所能达到的是极有限制的。并且中国人太穷了，对于许多问题全凭个人利害定是非。第三，我们的知识阶级，如国内其他阶级一样，也是不健全的，许多忙于为自己找出路就无暇来替国家找出路了。我说这些话不是要为我们开脱责任，不过我觉得政治是全盘生活的反映，救国是各阶级同时努力凑合而成的。知识阶级当然应负一部分的责任，甚至比其他各阶级要负大一部分的责任。但是一个阶级，如同一个私人，倘不知自己的限制，事事都干起来，结果一事都无成。或者因为我们要负全责而事实上又不能，就置国事于不闻不问了。有些因此抱悲观，几于要自杀。

在未谈知识阶级究竟对于政治的改良能有什么贡献之先，我可指点出来两个事情是知识阶级所不应该作的。

第一，我们文人，知识阶级的人，不应该勾结军人来作政治的活动。几十年来，文人想利用军人来作政治改革的不知有了多少，其结果没有一次不是政治未改革而军阀反产生了一大堆。康梁想利用军人来改革，于是联络袁世凯。到戊戌变法最紧急的时候，袁世凯只顾了自己升官的机会，不惜牺牲全盘新政。我们绝不可说康梁是瞎眼的人，因为康梁的眼光并不在一般人之下。甲午以后，中国号称知兵的人要算袁世凯的思想最新。光绪末年，新知识界的人由袁氏提拔出来的很多，新政由他提倡的或助成的也是不少。如果康梁可靠军人来改革，那末，无疑的他们应该找袁世凯。康梁以后的政治改革家，虽其改革方案不同，其改革方法则如出一辙，运动军队和军人是清末到现在一切文人想在政界活动的唯一的法门。倘孙中山先生今日尚存在，看见现在中国这种可怜的状况，他不会懊悔靠军人来革命吗？

中国近二十年内乱之罪，与其归之于武人，不如归之于文人。武人思想比较简单，欲望亦比较容易满足。文人在一处不得志者，往往群集于他处，造出种种是非，尽他们挑拔离间之能事。久而久之，他们的主人翁就打起仗来了。他们为主人翁所草的宣言和通电都标榜很高尚的主义、很纯粹的意志，好像国之兴亡在此一举。其实这些主义和意志与他们的主人翁是风马牛不相及的，这些宣言和通电，有许多是他们的主人翁看都不看的。主人翁幸而得胜了，他们就作起大官来；不幸而失败了，他们或随主人翁退守一隅，以求卷土重来，或避居租界，慢慢的再勾结别的军人。民国以来的历史就是这个循环戏的表演。这样的参加政治——文人参加政治的十之九是这样的——当然不能使政治上轨道。

第二，知识阶级的政治活动不可靠“口头禅”。西洋政治制度和政治思想，当作学识来研究是很有兴趣而且很有价值的，当作实际的政治主张未免太无聊了。愈讲这些制度和思想，我们愈离事实远，而我们的意见愈不能一致。我们现在除中国固有制度和学说以外，加上留美留英留法留德留俄留日的学生所带回的美英法德俄日的各时代各派别的思想和所拟的制度，我们包有中外古今的学说和制度了。难怪这些东西在我们的胃里打架，使我们有胃病。我常想假使中国从初派留学生的时候到现在，所有学政治经济的都集中于某一国的某一个大学，近二三十年的纷乱可以免去大部分。其实这些学说和制度在讲者的口里不过是“口头禅”，在听者那方面完全是不可懂的外国话。我们的问题不是任何主义或任何制度的问题，我们的问题是饭碗问题、安全问题，这些问题是政治的ABC。字母没有学会的时候，不必谈文法，更不必谈修辞学。

谈有什么好处呢？自从回国以后，我所看见的政变已有了许多次。在两派相争的时候，双方的主张，倘能实行起来，我看都不错。经过所谓政变以后，只有人变而无政变。所以我们的政变简直是愈变愈一样。使我最感困难的是两派中的领袖都有诚心想干好的，他们发表政治主张的时候，他们也有实在想作到的，并不是完全骗人。无非甲派所遇着的困难——政府没有钱，同事要掣肘，社会无公论，外人要侵略等等——并不因为乙派的上台就忽然都消减了。如果我们政治的主张都限于三五年内所能做到的，我们意见的冲突十之八九就没有了。以往我们不谈三五年内所能做，所应做的事，而谈四五十年后的理想中国，结果发生了许多的争执，以致目前大家公认为应做而能做的都无法作了。

在政治后进的国家，许多改革的方案免不了抄袭政治先进的国家。在社会状况和历史背景相差不远的国家之间，这种抄袭比较容易，且少危险；相差太远了，则极难而又危险。俄国与欧西相差不如中国与欧西相差之远，但在俄国，知识阶级这种抄袭已引起了许多的政治困难。苏俄革命以前的十余年，俄国政党之中最有势力的莫过于立宪民治党（constitutional Democratic Party’简称Cadets）。当时俄国的知识阶级几全属于这一党。他们所提出的政治方案即普选，国家主权在国会，责任内阁，及人权与民权。这个方案与俄国百分之八十的人民——农民——全不关痛痒。农民不但不想当议员阁员，连选举权也不想要。至于人权：如言论自由，他们就无言论；出版自由，他们并不要出版；他们所要的是土地，而关于这一点，立宪民治党却不注意了。这一党的人才盛极一时：办报、发宣言、著书，在国会里辩论这一套是他们的特长。假使生长在英国，他们很可以与英国自由党的人才比美。生长在俄国，他们总不能生根。他们很像中国学生在学校里标语一样，是对团体以内的，对于外界就绝无影响了。在俄国历史上，这一党唯一的贡献是为共产党开了路。尽了这点义务以后，它就成了废物。中国的知识阶级大可不必蹈俄国立宪民治党的覆辙。

知识阶级不能单独负救国的责任，这是我在上文已经说过的。但是有两件事是我们应该努力去作的。第一，中国不统一，内乱永不能免，内乱不免，军队永不能裁，而建设无从进行，这几十年来的内乱，文人要负大部份的责任：我的理由已经说过。但是不勾结军人来作政治活动还不能算尽了我们的责任。我们应该积极的拥护中央。中央有错，我们应设法纠正；不能纠正的话，我们还是拥护中央，因为它是中央。我以为中国有一个强有力的中央政府，纵使他不满人望，比有三四个各自为政的好，即使这三四个小朝廷好像都是励精图治的。我更以为中国要有好政府必须自有一个政府始。许多人说政府不好不能统一；我说政权不统一，政府不能好。

现在政府的缺点大部分不是因为人的问题，是因为事的问题。我们既没有现代的经济、现代的社会、现代的人民，那能有现代的政治？那末，要建设现代的经济社会，培养现代的人民，这不是乱世所能干的事。同时只要有个强有力中央政府能维持国内的安宁，各种的事业——工业、商业、交通、教育——就自然而然的会进步。就是政府采取胡适之先生所谓“无为”的主义，这些事业也会进步。现在国内各界的人士都有前进的计划和志愿。因为时局不定，谁也不敢放手作去。

同时所谓中央政府的缺点，许多因为它是中央：全国注目所在，一有错处，容易发现，关于中央的新闻比较多且占较要的位置；局面较大，因之应付较难。民众对于内战和内争的态度，如同对国际战争一样，总是表同情于小者弱者。实在中央政府大概说来要比地方政府高明，并且中央的缺点，既基于事实，不是换了当局者就能免除的。

第二，我们知识阶级的人应该努力作现代人、造现代人。现代人相信知识、计划、组织。现代人以公益为私益。现代人是动的，不是静的；是入世的，不是出世的。现代人以体格与精神是整个而不能分的。中国近几十年来，女子的近代化的进步较速于男子的近代化。男子，青年的男子，还有许多头不能抬、背不能直、手不能动、腿不能跑：从体格上说，他们不配称现代人。从知识上说，我们——男女都在内——还是偏靠书本，不靠实事实物。许多的时候，我们还不知道什么是知识、什么不是知识，关于什么问题，我们配发言论，关于什么事体，我们不配发言论：未曾学医的人，忽然大谈起药性来；未曾到过西北去的人，居然拟开发西北的具体计划；平素绝不注意国际关系的人，大胆的要求政府宣战；一年级的学生能够告诉校长大学应该怎么办；从未进过工厂的人大谈起劳资问题来；不知一六五O年是在十七世纪的人硬要说历史是唯物的；现代人的知识或者不比中古的人多，但真正的现代人知道什么是他所知道而可发言的，什么是他所不知道而不应该发言的。以上所举的例子足够表示我们离现代化的远。换句话说，我们这个阶级自身是绝不健全的。分内的事没有作好，很难干涉分外的事。自身愈健全，然后可以博得他界的信仰。倘若近数十年中国教界的人和新闻界的人有了上文所举的现代人的特征，我们的政治也不会坏到这种田地了。

——选自《独立评论》第五十一号（一九三三年五月二十一日北平出版）

漫谈知识分子的时代使命

实际政治大部份是利益集团的斗争。在马克斯学说未风行以前，西洋的政论家，无论是左倾或右倾，都公开的承认这一点。美国开国时期的领袖甚至故意设法使资产阶级能永久把握政权。许多马克斯的理论，在马克斯以前，就有人宣布过而且有些是右倾分子宣布过的，马克思对于政治运动的特殊贡献是劳工阶级专政的学说。这种鼓动引起了不少的心理恐怖，于是有许多言论家讳言政治与经济的密切关系，好像政治，尤其是民主政治，是超阶级利益的。其实在民主之下，利益集团的斗争是日夜不停的。

在英美社会里，知识分子并不独自成立阶级。各种职业，连买卖业在内，都能吸收知识分子。靠知识吃饭的公教人员，因其所得待遇的优裕，实是中产阶级，其利害关系与一般工商界是打成一片的。英美教育的普及和文字的简明使知识分子与非知识分子之间不能有清白的界线。

学者和专家，在英美社会里，并没有政治的号召能力。除非他们把学问掩饰起来，故意操老百姓的腔调，他们是不能得选民拥护的。英美政客的技术之一种在使老百姓把他们当作自己人看待。至于工商界的巨头，他们自以为经验丰富，遇事都有办法，更不要请教于“不切实际的书虫”。

在我们这里，无论是老百姓或是工商界的人士，对于学者尚保存几分传统的尊重。究竟几十年以后，知识阶级的社会地位将演变到什么田地，此刻尚不能预料。我们的社会已开始变动。工商界已开始吸收知识分子，而出身知识界的商人与工业家有些不但自己丧失书生的面目，并且对于学者已带几分鄙视之意。在我们这里，如同在英美一样，久而久之，各种利益集团必会有组织的企图把握国家的大政，目前的一二十年或者是知识分子左右政治的最后的一个机会。谈政治，最忌凭空创设乌托邦或假定某一部分的人天生圣贤。人情并无国别的或阶级的天生差异，我们为什么迷信知识分子在现阶段的中国能够而且应该负担特殊使命呢?

士大夫耻言利，这是我们的传统，历代的圣贤讲究立功立德立言，却没有半句话讲发财的。时至今日，这种传统尚有几分效力。一般知识分子并不梦想作煤油大王、钢铁大王，或任何其他金钱大王，他们祈求的是适当的工作机会。他们的生活目的是事业的成就，而不是金钱。当然他们希望生活安定，衣食有着落，子女能受较好的教育，工作的设备和环境要适当。这些物质欲望是自然的、合理的，而且所费是有限的。这种人生观是事业的人生观，不是金钱的人生观。这是从工作本身找乐趣，其出发点和原动力是工作欲，不是收获欲，是匠人心的发挥，不是商人心的表现。

中外古今文化的进步发源于匠人心者远过于发源于商人心者，这种匠心(Instinct of Work-manship)是文化的源泉。文学美术的创造以及政治经济制度的创造只能靠匠心而不能靠金钱。杜工部和白乐天的心目中并没有稿费或版税，莎士比亚把戏剧作为他的玩意儿也就是他的性命，乐圣斐蒂欧文应内心的驱使而编乐谱，巴斯得的研究细菌、居里夫妇的研究镭质，都是匠心和工作欲的发挥，与金钱欲没有关系。孙中山的革命、罗斯福的新政是想治国平天下，不是想个人发财。

英国经济史家唐恩教授(R.H. Tawney)常说尚利的社会(Acquisitive Society)是近代文化的产物。在中古，生产能力虽有限，生活状况虽很苦，个人发财既不是通行的人生观，也不是社会习惯及制度所许可的。自宗教革命以后，各种保障社会的传统逐渐废弃，而个人发财的自由及风气遂成为近代文明的特色。学者及一般人们甚至认定自由争利是一切进步的原动力，聪明才智之士也以聚财的多寡为一生成败的尺度。

循尚利的路线走到尽头以后，西洋的社会已经有人发现前面是死胡同。近二三十年来，不仅有些科学家和工程师觉得自由争利不能充作高尚文化的基本动力，就是企业界的巨头也有人觉悟。现在英美社会的聪明才智之士走事业的路线者逐渐加多，走金钱路线者日形减少。三年前我参观T.V.A.的时候，发现其中有不少的技术专家及管理员情愿接受较低的薪津而继续为佃列西河流域的开发努力，不愿改就私公司的职务，纵使公司可以给他们数倍的金钱报酬。他们觉得工作的愉快及工作的社会意义是他们最大的收获，至于金钱，T.V.A.虽不能使他们成为富翁，一切合理的欲望也都能满足。

在我们这里，如果知识分子能保存士大夫传统的气节，我们可能超度西洋近三百年的历史。孙中山之所以坚持民族民权民生三种革命要同时并进，就是要缩短历史的过程。现在工程师在国内所干的事业都带几分缩短历史的性质。在制度及机械方面能作的事，我们在道德方面应该也能作。何况事业的人生观是中国书生的本来面目呢?

在长期抗战的阶段之中，知识分子，除少数市侩以外，大多数概普罗化了。他们对金钱势力的横暴及民众生活的困难均得了更深刻的认识。原来想洁身自好者，现在知道在这种社会之中自好无从好起。知识分子传统的人生观及传统的社会地位，加上最近十年的磨练，使他们对新国家的建设能有很大的贡献。

中国的知识分子大多数来自小资产阶级的家庭，富翁在我们这里本来是极少数的极少数，而富门子弟又多不愿出知识的代价。国人现在尚不了解我们知识分子求知的困难。一个中国人在国文上所费的时间要三倍于一个英国人或法国人费在英文或法文上的时间然后能得同等的程度。因为新知识出版品的缺乏，我们不能不学一种外国文，而我们在英文或法文上所费的时间又要三倍于一个英国人在法文上或德文上所费的时间始能得同等的程度。除非文字有很大的改革，知识分子必是人民中的极少数。他们虽不是劳动阶级的子弟，却知道稼穑的艰难。他们自己求知所受的痛苦就不亚于种地的乡下人。

这种知识分子踏出校门以后，百分之九十九并无家庭资本可以自办工商业。他们大多数还是作公务人员，投身事业界者仍是以参加国营事业者居多数。换句话说，知识分子的出路在于作官，教育官、行政官、事业官。名义虽不同，靠公家薪津吃饭则是一致的。所以在中国知识分子与政治的关系是切身的。

事实虽是如此，知识分子却不肯充分承认。他们中间至今尚有人在做梦。一种梦是教育清高而作官不清高。另一种则以为唯独作官是光荣。其实教学可以清高，普通也是清高，但作官也可以清高，应该清高，作官可以得光荣，也可以不得光荣，并且教书、作工程师、行医、当律师，都是光荣的。

中国的官僚百分之九十来自知识界，但是知识分子最喜欢骂官僚。在朝的知识分子和在野的知识分子形成两个对垒。其实在朝的与在野的，无论在知识方面，或在道德方面，是不相上下的。据我的观察，官吏百分之九十想奉公守法、努力作事，百分之七十能与环境奋斗，只有百分之二十为环境所克服而作违心的事情。如果环境改善，中国的官吏在工作效率上及操守上，可以不落在任何别国官吏之下。社会感觉官吏的压迫，殊不知官吏深感社会的压迫。社会总是说政府的赏罚不公，其实社会的舆论对公务人员也是赏罚不公的。政府与社会就是难兄难弟，两者都是不够近代化。

沙学浚先生在本刊的第十六期提到开明分子组织政党的困难。他说：

“在团体活动中他们（开明分子）往往胸襟狭、气量小、有学问不一定有能力，尤其是领袖能力和组织能力；他们往往过于自信，过于自尊，因而漠视纪律、轻视旁人，这就成了既‘不能令，又不受命’的人。”

沙先生所指出的毛病当然是实在的，而且是可叹息的。这种毛病是各国文人最容易犯的。“文章都是自己的好”。不过学问与技术，虽没有显明的尺度，究竟比文章要客观一点。所以现在知识阶级领袖的产生比以先实在容易多了，自然多了。

近来经济学者对世界经济前途大体上是抱乐观论的。他们觉得有了近代的科学，全世界的生产效能及生活水准均能大大的提高。他们并且相信一国的穷困间接是其他各国的祸患，反过来说，一国的富庶直接间接能使其他国家受益。在经济上，这是一整个共存共荣的世界。如果各国的外交政策全凭经济元素决定，国际的合作应能顺利的实现。

在一国之内，各种事业也是互相依赖的。我们如以事业的人生观为出发点，我们必感觉中国可作应作的事太多了。我们彼此之间只可用加法乘法，绝无用减法除法的必要。据我个人的经验，朋友们对我们用加法乘法者远多用减法除法者。士大夫的传统在这方面已起始改善。

沙先生所举的困难虽然是实在的，加速的近代化在这个历史过程中，毫无疑问的，知识分子应该居领导地位。

在政治上，中国正图从武力政治过渡到舆论政治，这种过渡亦应该由知识分子加以推动。

在经济上，中国的资源亟待开发，而开发的后果亟应设法使其能为全体人民所享受。这种使命尤其要知识分子负担。

——选自《世纪评论》第一卷第二十四期（一九四七年六月十四日南京出版）

我所记得的丁在君

我初次与在君见面好像是一九二五年的冬天，地点是天津的一个饭馆。那天请客的主人是南开大学矿科创办人李组绅，或是矿科主任薛桂轮。在君是主客，陪客者尽是南开教授。见面的印象，照我现今所记得的，第一是他的胡子，第二是他的配有貂皮领子的皮大衣，第三是他那尖视的眼光。朋友们普通见面时那套客气话，他说的很少。

入席以后，在君第一件事是用绍酒洗杯筷。他不喝酒，更不闹酒，好像他不喜欢同席的人闹酒。他吃的不过多，也不过少。他的吃法不是一个讲究吃的吃法，是个讲究卫生和营养的人的吃法。对主人点的菜，他没有称赞过一门，也没有批评过一门。对饮食，他是不大在乎的。

我记下来在君这些生活小节，不是没有缘故的。以后我和他往来多了发现他是我一生一世所见过的最讲究科学的一个人。我所认识的人当中，有些人在他们的专门学问范围之内很遵守科学方法，保持科学态度，出了这个范围，他们与一般人的思想方法及生活方式并无差别。还有些人在学问上面很科学的，在生活上面则随便了。在君不但在研究地质地理的时候务求合乎科学的方法，就是讨论政治经济的时候，或批评当代人物的时候，或是在起居饮食上，他也力求维持科学的态度。他不随便骂人，也不随便作主张。写政治文章的时候，他不放大炮。这不是说，他的意见都是对的，或都是我所赞成的。对所不知道的或未加研究的问题，以拒绝表示意见。他表示的意见是有根据的，而且是有分寸的。

在天津饭馆的席上，在君和主人谈了一阵有关煤矿的事情。我不感兴趣，没有仔细听，只记得他谈起天来，务求准确与具体。后来大家谈到内战，由内战谈到当时的军阀和军队。关于这些题目，在君的知识简直是骇人的。军阀个人的籍贯、年龄、出身、天资的高低、教育的程度、生活的习惯、彼此的关系、部队的数量、素质、配备等：在君几乎是无不知的。就是当时日本的专业军事密探都不能比在君知道的更多或更正确。

我在外国留学十年，与在君见面的时候，我回国还不满三年。对当时的军阀，我不但没有认识，普遍的认识或个人的认识；我根本讨厌他们，痛恨他们，觉得他们如不是强盗土匪出身的，也不过等于强盗土匪。照在君当时在席上的谈话，我完全错了。在君认为许多军人是爱国的，至少是想爱国的，有些实在是高度爱国的。在君并且强调的说过，许多军人具有绝好的天资，可惜他们没有受过近代式的教育。如果他们当初的教育是近代式的，他们可能对国家有很大的贡献。

在君这一段谈话是我研究中国实际政治的第一课。像学生问教师一样，我问了他：曹锟有什么长处，怎能作北洋军阀的巨头。在君叙述了曹锟的资历以后，讲了一个故事。他说曹锟在保定驻防的时候，有一次遇见一个小兵在那里放声大哭。原来这个兵接到家信，说他的父亲病重，恐怕不能医治。曹锟问了清楚以后，给了这个兵几十块钱教他回家尽儿子的孝道，以后再回营。这种小惠是曹锟作北洋巨头的技巧之一种，北洋军人多称赞曹锟的厚道。

“九一八”事变以后，因为《独立评论》的关系，我得了机会进一步的认识在君的思想和为人。那时候，我已经从天津南开移到北平清华教书，有几年还在北大兼课，所以与在君见面的机会也就多了。

九一八事变发生以后，北平教育界的朋友们都受了很大的刺激，都感觉到除了教书和研究以外，应该替国家多作点事。有一天在任叔永家里吃饭。在座的有丁在君、胡适之、傅孟真、陈衡哲女士（即任叔永夫人）、陶孟和、吴宪、竹垚生、周枚生，主人和我。我提议办一个刊物。适之大不以为然，觉得我的提议完全由我没有办过杂志，不知其中的困难。孟和也是这样的腔调，陈衡哲最热心，在君和孟真没有表示。过了相当时期，我又旧话重提。出了意料之外，在君赞成，不过他主张先由筹款下手。他建议凡愿意参加的捐月薪百分之五。等到基金到了千元左右，刊物才出版。在君说，先筹款有两层好处，一则可以测量大家热心的程度，二则可以免出版以后又因经济的困难而焦急。当时我不知道，以后我听见这个先筹款的办法是《努力周报》采用过的。

《独立评论》是九一八事变的产物。登载的文章也以讨论东北问题及其相连的和与战问题的为最多。在君对东北的政治经济军事及外交曾有极深刻的认识。

他在东北旅行过无数次，他认识东北的主要人物，他深知日本和俄国对东北的野心和阴谋。我因为研究中国外交史的缘故也已多年注意东北。大体来说，中国的外交，在道光、咸丰、同治及光绪的前半期，集中在开通商口岸、治外法权、协定关税，及租界等问题，就是国民革命时代所标榜的不平等条约。从光绪后半期起，我们的外交中心逐渐移到东北，即西人所称的满洲问题。在北伐时期，我感觉东北问题的困难还在不平等条约问题之上，所以甚盼政府当局不要在取消不平等条约及完成革命和统一的过程之中，有意的或无意的加添我们在东北的困难。一九二八年，我同好几位南开同事到东北去考察了一个夏季。东北的新建设，北到齐齐哈尔，东到敦化，我去看过，并研究过这些建设所引起的对日外交问题。我的感想之一是：在东北要人之中唯独杨宇霆有整个计划。

现在我身边没有一册《独立评论》。不但在君的文章我记不清楚，连我自己的文章，也不敢说记得清楚。大体说来，当时评论社的朋友们没有一个是极端主张战的。大家都主和，不过在程度上及条件上有不同而已。主和最彻底的莫过于在君，其次要算适之和我，孟真好像稍微激昂一点。在君最露骨的一篇文章是以“我们需要一个普拉斯特立托维斯克条约”为主旨。苏联革命之初，列宁不顾同党者的反对，也不顾德国所提条件的苛刻，毅然决然与德国签订普拉斯特立托维斯克条约，为的是要完成革命。在君在这篇文章里劝中国采取列宁的办法去对付日本。

这篇文章，在见解上及气魄上，都是极可敬佩的。在君自己当然知道他的意见是不会受人欢迎的。在近代史上，我们的士大夫没有一次不是主战的。道光二十年左右的禁烟、咸丰末年的英法联军、同末光初的中法越南之争，主和者简直不敢公开发表他们的主张。在君这篇文章是少数例外之外。

这篇文章没有得着任何有力的响应，在君以后也没有向这方面努力。为什么呢？我们零星的谈过，但我不敢说我确知在君心里的打算。他没有坚持他的意见，大概不外两个缘故，一是国内主战的空气日趋浓厚，一是日本军阀的横行和日本文治派的失败。在他死前的一二年，他有许多计划是以全面抗日为前提的。对于应战的预备，他很感兴趣。

我早主张国防部应该请文人作部长。有一天，我和在君谈这件事，并且告诉他应该作国防部部长。他没有说不愿意或不可以，因为在君最不喜欢说客气话。他倒说他最喜欢作军官学校的校长，这颇出于我的意料之外。他说中国的新教育，在文的方面和在武的方面，是同时开始的。在满清末年，政府对于军事的注重还在普通教育之上。在初期，文学堂和武学堂都是请外国人，多半是日本人，作教员的。那时上课的时候，教员带翻译上班，一个钟头只能授半个钟头的课。文学堂早就超过这阶段，军官学校至今没有超过。据在君看起来，单就这一点，我们就可以看出来武教育之缺乏进步。在君切盼中国军人的军事教育能火速赶上世界水准，这是他想作军官学校校长的理由。

在君不但感觉我们军事落伍的危险和痛苦，他也深知我们在政治经济文化各方面落伍的悲惨。他是兼通中西学问的。他了解一切问题的复杂和连环。谈政治的时候，他最喜欢说的一句笑话是：中国的问题要想解决非得书生与流氓配合起来不可。他是想提高国家水准的一个有力分子，其成败及理由还得留待将来的历史家来研究。

表面的在君好像是冷的，实际的在君是很热心的；对国事热心，对朋友也热心。

我于一九三五年冬天参加政府工作以后，常遇着地方及中央高级人员这样的对我说："你就是蒋廷黻，在君说过，我一定要和你多谈一谈。"他在背后不知道说了我多少好话，替我作过多少宣传，但他自己从来没有对我提过一句。

——选自中央研究院院刊第三辑《丁故总干事文江逝世二十周年纪念刊》

（一九五六年十二月台北出版）

追念梅校长

要纪念梅校长，可说的话，应该说的话，真太多了。我不但在清华作了六年的教授——是我一生最愉快的六年——而且在离开学校以后，无论是在西南联大阶段，或是在战后的复校阶段，我都时常注意清华的演变及梅校长的苦心维持。最近十年，因为我参加中华文化教育基金董事会，我对清华的关心和对梅校长的敬佩更为增加了。

我现在只写一段有关战前六年清华发展的历史及梅校长的贡献。没有问题的，在那六年之中，清华有长足的进步。在理工两学院有进步，在文法两学院也有进步。到了抗战军兴之际，清华大学，在梅校长领导之下，毫无问题的，足够大学界的国际水准。

在那时候，清华的评议会，由梅校长主持，通过了一种教师待遇条例，其要点如下：①清华教师薪额与其他国立大学相等；②各级教师于任教五年或六年之后得出国休假一年，由学校担任旅费及安家费；③图书及仪器尽量补充；④教师为研究便利，得请求减少授课钟点。通过这种条例的用意，在吸收有志研究者。如教师只看重薪额，他们不必到清华，如他们看重研究的便利，他们就会到清华来任教。以后这种条例居然发生预期的效果。

清华在梅校长的时期是平稳发展的发展。他的作风是多作事少说话的作风。他爱护清华的心思，虽然他自已不说，是一般师生及校长都知道的。

——选自《清华校友通讯》第二期（一九六二年八月二十九日台北出版）

中国社会科学的前途

在社会科学家的眼光里，中国简直是个新发现的大陆。发现虽然发现了，开辟则尚待人。无论我们向那方看——政治也好、经济也好、风俗制度也好，及这些事件的来源与发展也好——处处是问题、是材料、是一片大处女地。开垦者虽已有人，因为地方的大，一望简直看不见了。他们的成绩，他们所已开垦的地与未开垦的地相比较不过是如几方里和几百方里相比较。除了一些零星知识外，我们对于我们自己的生活的方方面面是盲目的，不知其然，更不知其所以然。中国人对于中国的无知而不求知，等于丧失了土地而不求收复一样。丧地之罪首在于有守土之责者，这是全国一致的议论。

要谋社会科学前途的发展，我们首先识清现状的根由，尤须考察大学里的社会科学的现状。因为无论在哪一国，新知识的贡献是应由大学负其责任之大半的。论到大学里的社会科学这件事，实不知从哪方面说起，因为处处都是弊病。

第一，中国现在还有许多人不知道中国的政治、经济、社会以及它们的历史是值得研究的，必须研究的，而且可以研究的。它们还不相信新大陆的存在。他们看见英美各国的大学有些什么社会科学的课程，也就照样设立这些课程。论课程的多寡，那我们贵国的大学很象堂堂“最高学府”的样子。论其结果则很可疑。在我们贵国的大学学市政的或者知道纽约、巴黎的市政，但北平、汉口、成都的市政十之八九是不知道的。学“政制”的都学过英美德法的政治，好一点的连苏俄、意大利、日本的政治也学过，但中国的政制呢？大多数没有学过，就是学过，也就是马马虎虎，知其然而不知其所以然。学政治思想的，那一定上自柏拉图，下至拉斯基，都听过一遍，好一点的，还对于某派某家下过专门的研究。至于中国的政治思想，普遍不过看了梁任公的讲演集。学经济思想的、学银行币制的、学会计的、学经济史的、学社会史的、学民俗的，哪一个不是这样？我们的大学不是在这里为中国造人才，反在这里为英美法造人才。我们的大学毕业生，倘若发变黄了，皮肤变白了，外国语说得流畅了，很可以在欧美各国，尤其在美国，作有用的国民。走进中国社会里去，毕业生好像侨居异邦，社会也不大欢迎。我们年复一年如此过去。教育部长、校长、院长、教授、学生都不以为怪。我们面前的新大陆搁在那里，不去过问。

有些教育界的人虽然知道了在中国社会科学有个新大陆可开辟，但实际上又发生种种阻碍。一个留学生在外国研究了几年，倘若他是张博士，又假若他在外国的学术成绩良好，对于学问丝毫不愿虚冒，不愿苟且。他在外国所学的虽然很好，仍是外国大学所有的课程。回国以后，这位张博士就到某大学去教书。按这大学的章程，教授必须担任三门课程，每星期必须教九点或十点的功课。那末，他只能担任他在外国所学过的功课。假若张博士是个有知识良心的人，他一定很努力的授课。结果，他对所授的课程的兴趣和心得与年俱进，学生对他也很佩服。张博士遂成了一位名教授，全国的大学都想延聘。他对中国的教育确有贡献，但是他在对中国社会、经济、政治或历史的知识则毫无贡献。平日他也想过作点关于中国的研究，预备将来教一门关于中国的课程，但一动手，问题就多了。假使他的兴趣是市政，他一看中国的市政简直不是市政，换句话说，比他在西洋所学的、所看的，完全不是一样。或者他因此就想中国的市政值不得研究，就中止他的研究了。假若我们这位张博士是个有奋斗精神的人，也知道研究不能限于完好的事体。上级动物与下级动物，文明社会与原始社会，“无”市政的市政与最新式的市政，均有研究的必要和价值。张博士本此精神往前去作。他发现中国的市政学幼稚万分，既无目录，又无专门的杂志。大都市——特别市——虽然发表了几部报告，都是些官样文章，连统计都是些官样统计。至于内地的城市，连这种官样的报告也没有。同时这位张博士还须在学校担任三门功课，所以研究的进行也很慢，并且研究与功课发生冲突了。张博士回头一想：他所授的功课既然有趣，值得他继续努力，而大学也应该有他所授的功课。对人对已，他大可种植他的旧园地，无须辛苦的去垦荒。于是他不再闻问中国市政了。

假若这位张博士抱定志向要把中国的市政作一个彻底的研究，他觉得非离开大学去办一个市政研究所不可。第一个问题是经费。这位张博士的声名很好，国人都知道他是个市政专家。他自已和他的朋友就活动起来，运动政府或中外的基金团或慈善家捐款。他们的运动成功了，研究所也办起来了。他的困难也从此左右横生了。为维持研究所的经费，他必须作两件事，一是出版，一是继续在外活动。出版要多，他必须多聘研究员、调查员种种帮手。有时捐款的人既限期交卷，又指定题目，而有时所指定的题目并非张博士的专长，而张博士在限期内又不能延聘一位专家来帮助他。于是许多出版品不但无新知识的发现，且连调查的正确与否也顾不到了。张博士在研究所里日夜忙于行政，反无时间研究市政了。建筑房子、收买图书、编预算、造决算、写报告、延聘人员、接见找事者、疏通董事、推销出版品、代表研究所出席各种会议，甚至研究所的工友和水电诸杂务都须张博士去照顾。他不但无工夫研究，连看书都没有时间。新土未开辟，旧园子已经荒芜了。

如果一位有学术根基而且有魄力的张博士有这样的经验，其他可想而知。市政学如此，其他各种社会科会亦复如此。

为谋社会科学的发展，我以为我们必须有三种心理的改革。第一，我们应认清开辟新土比种旧园子要难好几倍。假若一位经济学者没有研究过英国的中古经济，也没有研究过中国的唐代经济，而学校忽然要他担任这两门课程。那末，英国的中古经济已经有了不少的专门著作，他可以参看八九种就可以勉强起始就课。至于中国的唐代经济，以往无专家，几至全无专著。他要研究必须全从原料下手，而这些原料不但零散，且多不可靠，他非有二三年的专门研究不能起始授课。学校的行政当局绝不能机械式的勉强人人担任三门或四门功课，不问这些功课是新辟的土地，还是旧有的园子。

第二，我们应认清旧园子原先也是荒地，因为经过若干代人的开辟和种植然后成了旧园子。开辟的工作，不论中外古今都是苦的。我们不但不可怕苦，且不可眼光过高。我所读的这部英国中古经济史当然很好，它所以这样好，不但因为著者是一杰出之人，也是因为著者之前已有了无数的著者替他开了路，立了根基。我所讲的这门中国唐代的经济诚然是很不完全，但我不讲，则后人永无完全的唐代的经济史可出世。

第三，我们绝不可迷信一个大学之大，或一系之好，在乎课程之多；或一个大学生之所以成为大学生，在乎所学课程之多。大学之大，在乎新辟知识疆域之大小；大学生之所以成为大学生，在乎有无开辟知识疆域的能力。

有了这三种的心理改革，然后可以谈办法。我以为学术工作，不应从行政上下手。换句话说，不应从定条例、筹组织下手。学术工作只能从学者和问题下手。有了一位真正学者，而这位学者对某有研究价值的问题有最高的兴趣，我们就有了新知识的种子。这个种子是学术界的至宝，学术机关必须负培养的责任。减轻授课时间、减少行政责任、充分的设备、助理、旅行等等：凡是培养这种子所必须的都应该给他。但以【此】来引诱学者是无须的，也是不能成效的。我所讲的培养，专指研究工作的便宜。

提倡研究中国的政治、经济、社会、历史等等容易引起一种误会，而这种误会又容易发生一种流弊。我这种的提倡，并不是要中国人以后不研究西洋的政治学、经济学、社会学和史学。我以为不通西洋政治的人绝不能对中国的政治思想或制度的研究有所贡献。其他社会科学亦然。我们必须中西兼顾，然后能得最大的成功。在旧园子不要荒芜的条件之下，我望社会科学界的人勇往直前，来开辟这个新大陆。因为这个新大陆是我们的田土，我们不开辟，它将永为荒地。

——选自《独立评论》第二十九号（一九三二年十二月四日北平出版）

对大学新生贡献几点意见

入大学的人多少有点怀抱，有点志气。他们入大学的目的不外为他们理想的事业作相当预备。各人的理想虽不同，但多数都有一种企图，这是很明显的。

究竟我们能为国家，为社会作什么事，一方面要看我们自己的本能和修养，一方面也要看环境要我们作什么事。在我们起始预备的时候，我们必须认清我们的环境。

中国的病，依我看来，有两个。第一，我们是个落伍的国家。外人以飞机坦克车攻我们的时候，我们还是靠上古的大刀以资抵抗。外人用电力油力汽力水力马力来生财运输的时候，大多数中国老百姓们还是靠原始的两条腿，两个手臂，一个肩背的筋骨力量。我们不但物质落伍，在政治经济制度上也落伍。我们的国家连收税都不会。西洋十七十八世纪所常见的包税制度，在今日的中国尚盛行。我们常说打倒帝国主义，但我们最好的税收机关仍是外人所主持的海关。倘若我们把海关里面的外人都驱逐，其结果不是国家的税收减少，就是中外商人的负担加重。此尚是一个比较简单的事。至于大者，如军阀的割据，简直是中古的封建变本加厉。我们倘仔细考察一般的用人行政，处处都可以得着封建的臭味。

因为国家的落伍，我们不但内政不修明，以致人民几全在饥寒交迫之中，并且我们对外也只能听人宰割。中国与日本究竟为什么一强一弱呢？主要的原故不外乎日本的物质文化及一般的政治经济制度的现代化程度远在我们的之上。在近百年的民族竞争之中，凡能利用现代的文化者则强，不能者则弱。这是近代史的一个铁律，没有一个民族能脱逃的。在最近这七十年，日本的现代化竟超过我们的现代化，这是我们的致命之伤，也是我们基本的国耻。在十九世纪的前半，中日两国同是因闭关自守而落伍的，同受西洋的压迫而与其订不平等条约。我们的觉悟，初步的觉悟，比日本的觉悟还早。道光二十年——一八四〇年——以后，我国少数的士大夫就知道“洋务”的重要。彼时林文忠公在广州聘人翻译了一部外国地理，译名《四洲志》，他又购置不少的外国船炮。同是姚莹（号石甫）在台湾道任内强迫英国被俘虏的官佐作他的世界地理讲师；他得到的那点知识，他视为至宝，即时报闻朝廷。徐继畬（号松龛）殷勤的请教传教士，编出一部《瀛寰志略》。日本在幕府末年（嘉永到庆应时代），初感觉须有世界知识的时候，日本的文人就翻译林则徐的《四洲志》，徐继畬的《瀛寰志略》及魏源（号默深）的《海国图志》。数年前我在日本的时侯，中山久四郎教授曾将其家藏的旧译本拿出来给我看。其中有一部的译者在其序内说过一段这样的话（我只记得大意）：学习西洋文字太费力了；幸而日本人容易学汉文，学了汉文，日本人就能得世界知识了。所以不但日本的旧文化得自中国，即其新文化的入门也是得自汉籍。而今日我们竟落在日本之后！这岂不是我们基本的国耻？其实不待今日，在甲午年中日两国现代化的程度已经判明了。乙未马关议和的时候，李鸿章和伊藤博文曾有这样一段的交谈：

李云：亚细亚洲，我中东两国最为邻近，且系同文，讵可寻仇？今暂时相争，总以永好为事。如寻仇不已，则有害于华者，未必于东有益也。……

伊云：中堂之论甚惬我心。十年前，我在津时，已与中堂谈及。何至今一无变更？本大臣深为抱歉。

李云：维时，闻贵大臣谈论及此，不胜佩服，且深佩贵大臣力为变更俗尚，以至于此。我国之事，囿于习俗，未能如愿以偿。……今转瞬十年，依然如故。……贵国兵将悉照西法，训练甚精；各项政治，日新月盛。……

甲午到现在，转瞬又将四十年。李鸿章对伊藤说的话，汪外长仍旧可以拿出来，作为与有吉公使寒暄之资！

民族的竞争有如接力赛跑。一代跑了一圈，就下场，第二代又接上去。中日现代化的竞赛已经七十年，可算两代。现在入校的新生是第三代的预赛者。前两代我方的代表已落后，且落后很远。我们希望第三代能够赶上。

新生将来的事业的环境和背景既然如此，他们应该怎样预备始能负担这个重大使命呢？

新生的使命既在促进国家的现代化，他们的预备就是预备作现代人，有现代人的知识，现代人的意态，及现代人的体格。这个预备工作又应该怎样着手呢？

我在上文已经说过：中国的病有两个，在未讨论这预备工作的路径以前，我应该说明第二种病。

这个第二种病，依我看来，是士大夫阶级的破产、知识的破产、道德的破产、体格的破产。最后一种的破产是显而易见的。中国旧日的文人，尤其是文人而成为名士者，大都手不能动、足不能行、背不能直，一天到晚在那里吐痰擦痒。无这些病态者尚要装有，好像不病不弱就不能算文人。道德的破产比较隐微，但尚用不着显微镜。中国旧日士大夫的道德毛病不在其标准不高。我所读过的士大夫的言论都是极高尚的。不过他们立言是在纸上，好像建筑工程师的图样。图样虽好，倘建筑不照图样，那不是空费事？士大夫的平面言论和具体行为是两不相关的。倘是有一个人要不分大小，事事都照孔孟程朱的教训作，世人都会说他是个“迂儒”。名士则不“拘泥”，他们有以自解：“小事糊涂，大事不糊涂。”不过糊涂惯了，就不分大小了。我有一个留美归国的朋友，在衙门里面得着一个“挂名差事”。第一个月发薪的时候，他很觉不安，对自己说：“这钱是人民的汗血，我这月没有替人民作点事，我怎能接收呢？”足证此人在留学时代曾得着现代人的道德。不过他又感觉不收的困难，于是遂收了：足证社会压力之大。到第二月发薪的时代，他反只觉薪额太低了：足证现代人的道德为社会所屈服了。光绪十年左右，中国第一批留学生归国的时代，他们看见许多外国人没有受过高深教育而在中国海关居高位支大薪，就愤愤不平。有一个外国人就对他们说：“诚然，孔孟的书、唐宋的诗，你们是懂的，我们是不懂的。甚至斯宾塞及赫胥黎的学说，你们比我们知道多。但是我们也有几点小小的本领是你们所没有的。我们每天说办八点钟的公就办八点。我们收五十两银子的税就报五十两。我们接到上面的命令知道服从。这几件简单的事，你们就作不到。”再回到道光年间也有一点证据。当时中日两国对外人的居住往来都是禁令森严的。外人在中国感觉中国官吏的禁令虽多，实际一事不管，倒很自由；外人在日本的感觉日人说到那里，作到那里。他们虽觉得在中国比较自由，但不免心中敬畏日人而鄙视中国人。我常想中日近七十年进步的差别大半就由乎此。

旧日士大夫的知识和求知的方法也有偏重纸面的毛病。我们素来求知的方法是读书；现在变为听讲。关于这一点，我的朋友翁泳霓先生曾告诉我一个很妙的故事。话说日本在明治维新初年聘请了几位西洋地质专家到日本去考察矿产。日本政府派了几个日本人去陪专家，去跟随学习。专家跑到哪里，看见什么东西，日本学习员也跑到哪里，要专家指出他们所看见的。后来这几位专家又被中国政府聘请到中国来考察，中国政府也派中国人去陪随学习。我们的学习员陪了专家到北平西山的脚下，就说："这是西山，山上的矿一定很多。你们上去考察；我们在山下等着。回来的时候，请你们告诉我们看见了什么。"这种求知的态度很够代表我们旧日的士大夫。现在确有相当的进步：学地质的、学生物的，现在甚愿出外去实地考察；学物理的、学化学的，都知道拿实质的物品去试验。这是中国近年最大的革命，最有希望的现象。不过我们的革命还不彻底，尤其是学社会科学的人。我们还是偏重读书听讲，并且读的书不是洋书，就是洋书的译本或抄袭。而讲演者不是讲洋书，就是讲洋大学里面的洋教授所讲过的洋东西，其结果我们知道十八世纪英国的工业革命，不知道目前中国的工业革命，知道纽约、芝加哥、伦敦的市政，而不知道近在咫尺的北平、天津、南京、武汉、广州的市政；知道英国的内阁制的运用，而不知道行政院、中央党部、国府委员彼此的关系。此类的事实太多了：总而言之，因为我们袭用传统的求知方法，我们知道书本，不知道事实。发表出来，都是些洋洋的八股文章，逞意气，玩弄之乎也者来抹杀事实。

那末，入学的新生如要担任起来他们的历史使命，他们必须扫除旧日士大夫的积习，而养成现代人的人格。第一，选习功课不求多，只求有心得。近年国内的大学有一种极坏的风气：办学者及求学者均以为课程愈多愈好，以致各大学里的许多学系，其课程之多过于全系学生的数目。湖南乡下有句俗话：客婆家里来块肉，长是够长，吃又吃不得。这句话很够描写我们的课程表。学生往往有选习六七门者。当然精力不足，其结果一无所得。因为要有心得，我们必须将原物件、原现象、原文件或是亲眼看过、亲手试过，或是新身到过。第二，学问必须有次第。工具课程如各国的语文，基本课程如各种学术的引论应该提前学习。我常见学生有不知道历史常识者要求学史学方法或历史哲学，甚至高谈唯物史观；不知道生物的构结者要学达尔文学说。近年国内大学的课程表，真五花八门，无奇不有。名称务求新鲜与时髦，内容则不求充实。第三，求学切不可自欺。外国教授常说中国学生不好问，不懂的也就随便的让他过去。这是自欺而且自误。

我们现在要改革国家，要使国家和社会完全现代化。那末，我们就应在学校里面作起，不要等着我们毕业以后。学校本身就应作一个缩影的现代化的社会。中古的意态、习惯、空气都不应有丝毫存在于学校之内。现代讲法治，尚工作效率。凡遵章而认真办学的人，学生应该尊敬他们，拥护他们，不要希望他们通融、敷衍。现在实际的状况正相反，以致凡认真的人都站不住，不认真的人反受欢迎；办学者无暇办学，他们的精力都费在对付上。现代的生活日趋社会化，所以所须要的公德心比以往任何时代都要多。学校的设备都是公产，大家都要爱惜。近来有一美国学者新自哥伦比亚大学来，他告诉我说：一天他遇着该校图书馆主任，对他说，图书馆某本杂志不知被什么人画的不像样子，我想一定是中国学生作的，因为他们就好干这一套。我在外国的时候，未曾听见图书馆遗失书籍上百上千者；在中国则司空见惯。这样的学生将来到社会上去只能流毒于社会。至于体育的重要，那更不要说了。青年的男子应该有大丈夫的气魄和体质。照我的观察，中国近代革命最大的成绩是女子的解放，可惜我们男子以为仿装雌态是摩登。讲到这里，我连想起学生有病者之多，并且常以得病来求教员优待。英国文学家巴特莱（Butler）曾说过这样一句话：在这科学的世界，得病者应坐监牢，犯罪者应入医院。人基本是个动物，不是好动物的人就不是好人。

创造一个现代化的国家是一件不容易的事。除非大学的新生愿意出现代生活的代价，那我们这个国家，内忧外患交迫的国家是很难有希望的。

——选自《独立评论》第六十九号（一九三三年九月二十四日北平出版）

陈果夫先生的教育政策

一星期以前，日报忽传陈果夫先生在中政会有所谓“彻底改造教育之新动议”。电文虽简略，大旨已甚明显。陈先生的提议就是中国的教育应于十年之内专重农工医各项专门人材的造就。他的办法不外停办高等学校的文、法及艺术各科，而移其经费作为扩充农工医科目之用。我们初读这电文的时候，以为必是报纸造谣，不可置信。后来虽然知道了消息的可靠，仍以为不必评论，因为这不过是一种提议。将来中政会是否通过；通过了，是否实行；实行到什么程度和时期；这些都是问题，恐怕还是连提案人也不能答复的问题。但是这个提案究竟代表一种思想。近年来，发表类似的主张的亦颇有人。作为一种思想的代表看，陈果夫的教育政策大有共同研究的必要。

提案的根本思想可分三点说明：

一、中国的病根在于穷，挽救的方法当靠生财，生财必须有生财的教育，而农工医等就是生财的教育。这个逻辑的连环似乎是很明显的，坚固的。我们承认第一环和第二环的确是不可破的坚固，但谈到“生财的教育”就大有疑问了。我们暂且不问教育是否应限于生财的；就以生财为教育的目的而论，专办农工医等项未必就达得到目的。中国近二十年受过农工医教育而不从事与农工医诸职业的大有人在。学医而不行医的比较少些，学过农而从事于农业的简直是例外，学过工程而改就他种职业或闲居无事的也不少。近年教育和职业所以不能相辅而行的缘故是很复杂的。一方面，国家的政治、社会，和经济的制度与状况不容这般所谓专门人材执行专门事业。另一方面，专门人材的专门智识和经验都不够；或虽是够了，但他们的生活习惯或欲望阻止他们从事于生财的事业。人是整个的，当做生财的动物，他仍是同时受专门职业内的和专门职业外的智识和观念的支配。

社会也是整个的，徒求物质的改造而不求精神和制度的改造，其结果必会连物质亦不能改造。

前清同治光绪年间，曾国藩、李鸿章、奕䜣、文祥诸人也曾专心专意图谋中国的物质改造。他们虽然偏重了军事，但他们也办轮船、修铁路、设电线、立纱厂。倘若他们的眼光不是这样偏狭，倘若他们觉悟了中国的问题是整个现代化的问题，那末，中国何得有今天的内乱和外侮？与他们同时但比他们眼光较远的郭嵩焘，出使伦敦时，曾写给李鸿章说："嵩焘所见（日本留英学生）二十余人，皆能英语。有名长冈良芝助者，故诸侯也，自治一国，今降为世爵，亦在此学习律法。其户部尚书思娄叶欧摹至奉使请求经制出入，谋尽仿效行之。……而学兵法者甚少。盖兵者，末也。各种创制，皆立国之本也。"郭嵩焘在那时就能看到日本的留学政策远胜于中国的专求造船造炮的政策，这是我们不能不佩服的。中国近五十年进步之慢与乎日本近五十年进步之快，一部分就是由于教育政策的不同。

二、文科、法科，及艺术科不但无益，而且有害，因为他们一方面费了国家的钱，另一方面又替国家造了许多不知法不守法的分子。那末，何不把这些不生财而徒费钱的教育停了？我们要知道，大学的科目是应人求知的欲和社会的需要而产生的，并非凭空捏造的。无论大学有无文科、法科，及艺术科，人们自然而然的要知道政治经济制度的所以然，人生的所以然，文化的来源和变迁，美的所以然和美的创造。国家怕乱就把这些功课停了，停了的结果徒然使国家更加乱，因为国人的思想更加会乱。关于生活的方方面面，要使人不去思想是不可能的。为国家社会计，大学正应求思想的训练化，那就是说，科学化。这可以说，就是大学的使命。

三、中国的教育向来无全盘的计划。近年世界各国，尤其是苏俄，都注重国家生活的计划化，包括教育在内。关于这一点，我们是完全赞成的，不过计划要根据事实，要经过客观的，仔细的调查。第一，我们要知道中国现有多少农业专家，多少工程师，多少医生，及其他技师。五年之后，十年之后，中国将需要多少，将需要那种，及什么程度。就工程说：我们是要土木工程师，机械工程师，还是电学工程师？如若是要电学工程师，我们是要电力工程师，还是要电气交通工程师呢？或者中国现在所最需要的工程师还是各门工程都具有普通知识和经验的？第二，我们要知道全国国立省立私立的高等学校共有多少，总共经费多少及分配的方法，是否文科法科占了太多，什么经费可省。此外我们还要知道全国能够及愿意担任应用学科的教职的有多少，究竟一年内，二年内，能得多少学生。第三，小学及中学的教育也须经过类似的调查。不这样办，反凭空通过议案，突然裁这个，加那个，这不是计划化，反是意气化。通过了，也不过等于一纸空文；就是实行了，也不过形式的，短期内。中国近年的教育忽而学美，忽而仿法；忽而由专改大，忽而由大改专。效果永远是没有的，不过国人饱受了纠纷和混乱。推其故，皆因定政策的人不愿出定政策的代价，不愿事先费力去调查。

中国教育之宜改良，这是人人所承认的。国家对教育有通盘筹划的责任和权力，这也是人人所承认的。在计划之中，斟酌时代的需要，政府可以区别科目的缓急而定经费的多少，这也是必须的。但在政府定教育政策的时候，我们希望政府对于上面所说的三点加以考虑，不要轻举妄动。最后我们希望政府对于教育本身及对于大学在国家生活上的地位能有深切的认识与了解。教育的目的是教养全人的。教育愈能教养全人，其增加生财的效力愈大。大学——包括各门科目提倡各种求知的学府——是文化的结晶，也是促进文化最要的利器。大学的课程很繁杂，因为现代的文化是复杂的。大学所以要包括全知识界，因为这种办法由种种精神上及行政上的方便，因为学问是一贯的。近年中国处处设大学固不对，但无论教育政策是怎样的，三五个完全的大学是全国所必须努力建设的。教育改良是可以的，因改良而摧残是不可以的。

——选自《独立评论》第四号（一九三二年六月十二日北平出版）

教育的合理化

——“这一星期”之三

合理化是无人反对的，只要合理化不带编遣的意味，或是带着编遣的意味而不淘汰我及我的朋友。如果教育的合理化必须有淘汰，有合并，那末，教育部长是摧残教育，是怀抱阴谋，是我们关心教育者所誓死抵抗的。

现在的教育部长大概是个书生。人情世故，他一点都不懂。他怎不计算计算他的几道命令要得罪多少人呢？他不知道日内瓦的裁军会议万不能成功吗？裁军在原则上也是人人所赞成的，只要所裁的军，不是我国的军。他忘记了我们贵国数年前的编遣会议吗？编遣的唯一结果是内战，是军队的加多。他没有读过戊戌变政的故事吗？我可以告诉他。康梁那班书生，拿着挟天子以令诸侯的手段，竟于戊戌年七月大胆的干起来了：

国家设官分职各有专司，京外大小各官旧制相沿，不能冗滥。近日臣工条奏，多以裁汰冗员为言，虽未必尽可准行，而参酌情形，实亦有亟当改革者。朕维授事命官，不外综核名实。现当开创，百度事务繁多，度支岁入有常，岂能徒供无用之冗费，以致碍当务之急需，如詹事府本属闲曹，无事可办；其通政司光禄寺鸿胪寺太常寺太仆寺太理寺等衙门，事务甚简，半属有名无实，均著即行裁撤。……所有督抚同城之湖北广东云南三省巡抚……著一并裁撤。……其各省不办运务之粮道，向无盐场仅管疏销之盐道，亦均著裁缺。……此外如各省同通佐贰等官……均属闲冗，即著查明裁汰。……内外诸臣即行遵照办理，不准藉口体制攸关多方阻格，并不得以无可再减敷衍了事。……当此国计艰难，朕宵肝焦劳，孜孜求治……尔在廷诸臣及封疆大吏，若具有天良，其尚仰体朕怀共济时艰。若竟各挟私意，非自便身图，即见好僚属，推诿因循，空言搪塞，定当予以重惩，决不宽贷。

这一道谕旨实想“动以至诚”。无非上面虽“孜孜求治”，下面则“多方阻格”。全天下竟因此反对新政，成了康梁的敌人。

殷鉴不远！这是中国的旧套。王部长先生何不一思？何况编遣教育非裁军裁官可比？教育是神圣的，那能侵犯？一个破庙，一个旧王府，挂上某某大学或某某学院的招牌，不问其内容如何，就成了圣地！教育部倘不小心，北平公安局就会生麻烦，铁道部长也会感到应付不暇。交通部因风潮所得的邮电费是得不偿失的。

——选自《独立评论》第五十五号（一九三三年六月十八日北平出版）

中国的教育

在本刊第三十六期，我从陶内先生的《中国的农工》书节译了一段泛论《中国的政治》者。本期我续译一段。为未读前篇者的便易，我可以说陶内先生是英国的一位大经济史家及劳工党要人。他曾受太平洋国际学会的委托来中国考察农工，又曾参加国联派遣来华的教育考察团。

中国政治的上轨道及经济的进步最后要靠中国人民思想的改变。中国教育的现状如何？教育在中国的发展上，能占个什么地位？

中国现有的公立教育是庚子年以后的产物，大部分还是近十二三年的产物。在不及人生一代的短期内，在内乱外患、经费困难、旱灾水灾交迫之中，居然能有这个产物已经是特别。可惊异的不是他的残缺，是他的存在。在西方直到近年，大问题是怎样使人民了解教育的价值；在中国这不成问题。中国的大教育问题是：怎样使教育以中国的实在需要为基础，不以外国的模型为基础；使教育人生化，与中国生活的实际事实相关连；使授课及行政的标准提高；使现在这些无调匀的，相矛盾的工作成为一个平衡的系统。

中国现在教育的弱点确是很严重的。应当作为全部教育楼阁的基础的小学，论质论量，都是很残缺。究竟从六岁到十二岁的幼童几分之几入学，无从知道。充其量，平均不过百分之二十；在较好的省市或到百分之三十至四十；在僻远区域，几至全无入学的。入学的幼童之中，许多在学时期太短，不能收实效。中学分高初二级，共六年。在许多地方，读毕六年的似乎很少。中小学里的工作，在一个旁观者看来——自然也有例外——偏重形式、书本、理论，到一种不近人情的程度。这种工作太忽略幼童的体质需要，太勉强他们用心；不图唤起他们的兴趣和好奇心，反图堆积他们记性的负担。他们应该利用耳目作有兴趣、有关紧要的事的时候，他们反守着课本，听着教员。学校过于用口授的方法，以致忽略实际工作和试验。除少数例外，这种教育不预备幼童了解他们所生在的社会。真的，许多时候好像中国故意用教育使后代的人们呆蠢、神经失常，和不快乐。

大学——例外除开——似乎有同样的毛病。因为中等教育之不良，许多大学学生实不能接受大学教育之益。他们听讲太多，应考太多；自修太少，与教员接触太少。教员也是每星期讲演钟点太多；许多因为经济的困难而兼课。教材过于利用外来的。顶坏的教授不过重演他们在外国所听的讲演，所读的书本。顶好的过于注重知识的灌输，忽略帮助学生预备他们将来在社会的生活。教授们还不注意一个基本原则，那就是，中国学生将来既要在中国服务，知道中国的政治经济状况，比知道西洋的国会和交易所还要紧些。结果中国大学的空气又如花房里的暖空气，不像天空的自然空气。

中国现代的教育免不了学西洋，正如十六世纪的英国教育免不了模仿希腊罗马。在中国，如同在欧洲，文艺复兴的来源起于一种昔日所不知的或鄙视的文化的发现。那般生长在一个快要崩溃的社会的人，得了这个发现如同得了一个改造社会的仙才。在这种空气之中，西洋科学自然时髦起来，而对于科学的崇拜免不了不知分寸。西洋历史的因果也就颠倒了：他们以为西洋文化是西洋科学的产物，其实西洋科学是西洋文化的产物。因此，政治上的中国民族主义反承认了一种反民族性的教育为联盟，为理想的目的，岂非怪事！

新知识的发现时期产生了中国现代的教育。此时期虽未过去，但其工作已完了。此时期生出一种酝酿，它不能再有所为了。下个时期的工作比较更加困难，但若搁置，其结果必是国家的解体，除非教育在土内生根，它必不能成为活的教育。救国的秘诀，就是西洋有这个东西，也是不能输进来的；它并非贸易物品。中国如要得这个东西，它必须是国产。中国教育家迁移视线的时期到了：以后可以不必望天，应该看看脚下的地。唯独在这个地上——这个中国生活的实况的土地上——中国教育家能够找得材料来创造一个适合中国需要的教育制度。

中国社会有一种极惊奇的特别：即知识阶级与一般人民漠不相关。中国社会阶级的区分，以财产为标准的，并不如在西洋那样厉害。在旧日的中国，一个人之出类拔萃不是靠财产，是靠官级。因为官的出身由于科举，所以士大夫自然为社会所尊崇。现在中国士大夫的威风尚存在，或者比往日有过之而无不及，因为西洋科学的知识尤为社会所推重。学生几乎成了一个特殊阶级。一进中学——大学更加——他们就进了一个特殊权利的阶级。权利很多，义务则很少。有时候，他们好像全不知道民间生活是怎样；除少数例外，他们也不想对民间生活的改良有所贡献。教育仅帮助了少数人从一级攀到第二级，并没有提高一般人民的生活。除非知识阶级与民众的隔阂能够扫除，民族的团结不过是虚文。

小学教育当然是全体教育的基础，在质与量两方面均须改良。只要教员及行政者有实事求是的态度，初步的改革可以在短期内实现。所以改革者不在机械，而在精神。要把小学从现在这种无生气的书痴的工厂改为适合人生基本需要的学校并没有不可能的理由。小学很可教小孩们养成健康的日常生活习惯。小学可以给小孩们做工的机会，如简单木工，种植花草，饲养牲畜。小学可以帮助小孩们了解他们四周的环境：只要把十分之九的书本烧了，而把平常种地、手工，及附近的交通作为地理、历史，及自然的课本。简单一句话，小学的改革很可能抛弃这个从西洋输进的讲授及教本制度。其实西洋也正在那里废除这个无生气的制度。学校的作用不在使小孩采取成人所认为正当的模型或程式，是在使小孩健康及快乐。这个显明原则就是中国及所有的国家的小学教育改革的基础。

小学教育推广的问题比较困难，但深知此中情形的人认为不是全无办法。在此较进步的省市，如江苏浙江及杭州天津，入学的幼童约与一八五〇年的英国相等。在这些区域，如有相当准备，应该能够实行强迫教育。教育部可以为这些区域预定一个实行的行期，并且偕同地方当局调查校舍和师资，及趁早作补充的预备。要紧的不是一时要遍行强迫教育，是要在这些区域作个榜样。

中国的中学教育也是太偏重书本。全国的中学太趋一致。很少的中学有一个实事求是的课程，那就是说，以农工为课程的中心而以其他科目为辅助。高中除有普通文科科目预备学生升学及当教员外，照章程应该有职业科目，但实际上有的很少。结果一方面有些绝无学文科天才的人也受一种所谓普通教育——究其实，这种教育就是文科的专门；另一方面，中国正在需要有实用智识的人的时候，学校反供给过多的善于宣传舞弄笔墨的人。中学的改革也不是一件深微奥妙的事情，仅施行一个显明的原则就够了；青年并不因为做了学生就不是青年了。中学的课程应该减轻和简单化。上课的钟点应该减少；露天活动的机会及个人或分组自动的工作应该加多。已有的高中如不设立职业课程，教育部应该取消他们的注册，专有文科课程的高中，除非万不得已，不应添设。

以往中国大学教育的进步真可惊异。凭空造起，不过二十多年，到这个地步，可佩之至。发展既快，自然产生尚待解决的问题。有几个大学，无论在哪一国，都可以引为光荣。其他则有很严重的，幸而可扫除的缺憾，因为大学在中国影响之大，这些缺点的修改也是很关重要的。

大学的弱点一部份分在于组织，一部分在于教育方法。一方面，大学在地理上的分配是绝无布置的。一九三〇年，北平及上海两处有全国五十九个大学之中的二十五个，及全国大学学生百分之六十。同地有好几个大学致工作重复，且原可以成立一两个好大学，事实则因分散而有好几个次等大学。政府既常欠经费，学校财政不能稳定，因之教授多兼课。

另一方面，许多大学学生不够资格；结果他们自己不能受益，而全校的程度为之降低。学生听讲有每星期过二十五小时的；他们的工作平时则忙于作笔记，考试的时候则忙于背诵笔记，致牺牲自己的观察和思索，而所得到知识有许多绝无意义，因为与自己的经验没有关系，教员讲演的时候过多而有兼课，所以师生之间除讲堂外难有发生密切关系的机会。因之学潮时起，教员工作不能进行。这种空气是最不适宜于青年的长进的。

在中国，如同在别国，高级职业及政府机关大部分吸收大学的毕业生。因之上面所说的现象与国家的关系当然很严重。这班人员，在作学生的时候，对于中国生活的实况所学的既少，对于学校的章程稍不便于己就反抗，要这班人来计划和执行一个改造中国的方案简直是幻想。

大学的改良，在行政方面，第一要经费稳定。同时国立大学的经费既出于政府，政府当然可期望他们不要有浪费，不要在同一个区域内有重复，能合并的应该合并，不能完全合并，也应该成立联邦式的组织。这两种改革倘能实行，学校就能按期发薪，而兼课的毛病就能废除。此外如各地的大学能连起来，执行共同的严格入学考试，大学的程度就可提高了。

行政的改革还是次要，根本的毛病还是大学教育的商业化。经济压迫学生去图得学位，压迫教员去帮助学生得学位。除几个例外，中国的大学已屈服在这种压迫之下。结果这些大学的学生人人都毕业，却是没有一人受过教育。这话我想不是过当的。一个国家所需要的是受过教育的人，不是没有受过教育的毕业生。这个改革确不容易。现在的学生，将来的学生，以及他们的亲戚，因为利益的关系，难免要反对。大学教育是许多职业的入门。它不但是一种投资，如同在别国一样，并且因为中国经济的落伍，几是惟一的投资可以图谋较舒适的、体面的生活。除非大学能供给一班受过严格智识训练而又能利用他们的训练来解决中国特殊问题的人，中国的经济发展及政治安定都不能有希望。

——选自《独立评论》第三十八号（一九三三年二月十九日北平出版）

高等教育的一方面（节选）

——对台大的一项建议

一

近三十年来，我们的高等教育经过不少的变通，也得着不少的进步。我是三十年前留美回国到学校教书的一个人。那时国内大学的情形，我还记得。一般学校都欠薪，教员大多数只好兼课，兼课多了只好在各校轮流缺课。当时社会认为比较好的学校是不欠薪的学校，因为不欠薪教员学生都能按部就班的上课。南开是其中之一，社会因此称赞南开，张伯苓先生亦以此自豪。

国民政府成立后不几年，这个按部就班上课的最低标准就普遍化了。政府那几年对于学校经费的筹措大费苦心，不但作到不欠薪，而且给予教职员相当好的待遇。于是在校人员感觉按部就班上课仅是他们的最低限度的职责。多数自动的求课程的改善，新知识的探讨，以及整个高等教育的进步。不少的人在问究竟中国高等教育应该走什么路线？学外国吗？学那一国？学到什么程度？大学对新中国的建设能有什么贡献？

国民政府成立以后，抗战军兴以前，那阶段是我们高等教育比较有进步的一个阶段。这是大家所承认的。我不想在这篇短文内写那阶段的全部教育史，因为我的时间精力及学问都不容许要写全面史，尽管这个阶段是短的。教育范围的广大和教育问题的复杂与人生同。一个阶段的教育史必须顾到那个阶段教育生活的方方面面，而且必须顾到那个阶段以前几个阶段。就本题讲，我懂得抗战以前十年的教育发展；最低我们应该懂得五四运动。关于这个运动的内容及意义，我没有加以系统的研究与分析，不愿妄出议论。就是在抗战以前十年之内，我虽在教育界服务，所见有限，不够程度写全面史。我现在只写那阶段的一方面，在我始终感觉有浓厚兴趣的一方面。

在这一方面的限度之内，我还只能简略的指出我的兴趣所在。我的实在目的是要向台大提出一种建议。最近这几年，我两次回到台湾，两次都注意高等教育，都多与教育界的朋友往来。

二

近代教育与传统教育有两点划时代的差别。第一，近代教育力求输进西方的学问。开始输进的是自然科学，理论的及实用的；以后渐及于政治、经济、社会、历史、文学、哲学等部门。传统教育的范围限于人文的学问，近代教育的范围是无限制的。五十年前，我们的知识阶级所培植的不过是一块小园地，现在我们的知识阶级简直以整个宇宙为其求知的对象。

近代教育不但力求输进西方的学问，而且同时要输进西方学者的治学方法和工具。新知识固然重要，新方法和工具或者更加重要，最低限度同等的重要。这是知识阶级所共同承认的，无须细说。

输进工作是中国近代教育的第一个有历史意义的任务。这种工作还没有完成，还须继续作下去。

中国近代教育的第二个有历史意义的任务是利用西方的知识及西方求知方法与工具来了解中国国情及解决中国的问题。我们要拿西方的地理学和地质学来知道和了解中国的地理和地质，我们要拿西方的生物学来知道和了解中国境内的植物和动物，我们要拿西方的电学和电力工程学来发展我们的电力，我们要拿西方的化学及化学工程学来为中国人制造肥料、衣料、食物、建筑材料，及其他许多生活必需品。

（……）我们要拿西方的政治学，从希腊人的政治史及政治理论到最近的宪政演变，来引导我们的民主政治的发展到最完善的途径。台湾地区实行的县市地方自治是政治学家最好的研究对象。以我们的知识及经济水准，加上我们的道德及政治传统，究竟地方自治的运用怎样、趋势怎样、利弊怎样？

我们学了西方的经济学以后，应该对台湾地区的经济制度及发展，有极科学的深刻的观察与分析。劳工问题必随工业化而发生。现在台湾的工人生活怎样，组织能力怎样，其自然的组织方式怎样？我们得着西方的社会史以及治社会史的方法以后，应该即起而注意研究摆在我们面前的社会变动，以期能了解这种变动，而且引导它到康健的途径上。

在岛上的人民究竟想什么，忧什么，乐什么？他们的生活甘苦及奋斗目标怎样？西方各种的人文学问应该给我们浓厚的兴趣，尖锐的眼光，及仁慈的同情心，来领味同胞个人及群众的喜怒哀乐。

在抗战以前的十年，我们的高等教育在这一方面，那就是说，在利用西方的知识及求知方法与工具来了解中国的国情及解决中国的问题，已得着长足的进步。继续而且扩大这种进步，这是台大义不容辞的使命，也就是本文所要讨论的主题。

三

在未讨论主题以前，我想避免几个可能发生的误会。我已经说过中国近代的高等教育有两个划时代的差别。第一，近五十年的高等教育力求输进西方的学问，这是我们传统教育所不注意的。第二，近五十年的知识阶级企图利用西方的学问和治学方法与工具来了解中国的国情及解决中国的问题，这更是传统教育所梦想不到的工作。这两方面不但是并行不悖，而且是相辅而成的。开始是输进，输进到相当程度然后讲求利用，到了利用的阶段仍旧继续输进。在这阶段，实际的工作，无论就学校言，或是就学生言，是一面输进，一面利用。我现在虽提倡利用西方的学问来了解中国的国情及解决中国的问题，我并不提议台湾地区的高等教育机关应该停止输进。事实上，知识的输进是永不能停的，科学极端发达的国家永在交换知识，它们彼此之间的知识输入和输出是极大规模的。

输进而不利用的流弊却多了。第一，这样下去，中国人不会了解中国的国情。第二，为解决我们的问题，我们必须永远依赖外国的专家。第三，如我们不求利用我们辛苦得来的新知识，西方的学问永远不会在中国生根，永远不会成为中国人的学问。

其次，我对于中西文化的比较至今没有得到任何结论。文化，无论是那个系统的，都是很复杂的。了解一种文化已经不容易。评判中西文化优劣几乎是件不可能的事情。好在为本文计，这种评判是多余的。一般外国朋友常对我说：“你究竟是中国人 。”我未曾否认；一般中国朋友另有一个说法：“你的思想和生活习惯已经高度西洋化了。”我也不否认。为避免任何误会，我觉得我还须说一句：想专门致力于中国文学或历史或哲学的人也必须研究西方的文学、史学或哲学。就是在人文科学方面，我们必须从西方的学问找新材料及新方法的灌溉及交配。人文科目一样的要输进及利用。

四

现在专讲我对台大的建议。

战前我们高等教育在利用西方学问方面的进步是参差不齐的，因为他是学者们个人努力的结果，没有组织，也没有全盘计划。譬如：战前有几个专家对于中国的草药发生兴趣，于是利用西方的生物学及化学的方法及工具对某种草药加以科学的研究，根据这种研究进而提精，其结果中国能对全世界的人民供献一种新药品。又譬如：中央农业实验所的植物品种专家，费了多年的心血，培植出来新的稻种和麦种，其发育量比旧种增加百分之十一至十三。地质学家发现了甘肃玉门油矿。考古学家的发掘殷墟，使我们对中国上古史的知识能有进步。地质学家及古生物学家发现了北京人，致我们的史前史得了一新章。这些贡献都是拿西方的学问来帮助我们，或是解决中国的问题，或是进一步的了解中国的国情。

在抗战前那几年，中国开始有物价指数及生活指数。土地的分配及地主与佃户的关系也有了实地调查，尽管这种调查是抽查的，不是普遍的。民间的歌谣、神话、迷信、娱乐及少数民族的生活方式都得着了学者的注意与研究。太平天国及义和团的史料，散在民间或藏在国内国外的图书馆或档案室，有学者搜集并系统的编印出来。这些研究固多在草创时代，不够普遍，不够持久，其结论也免不了错误与武断，但是我相信有了这些研究以后，现代的中国人了解中国国情的程度远在以前任何时代的中国人之上。简单的说，我们初次对我们的社会有科学的认识。经过这种努力，得着这种结果以后，来自西方的社会科学不仅列在大学的课程表上，而且在士大夫的眼光里成了正当的、有价值的学问。

这类的工作必须维持与扩大。抗战以前，我们在大陆上没有计划，听凭学者个人及学术团体各随其所好，就个人或机构的能力范围之内，作到那里算那里。现在我们在台湾可以由台大领导，订立长期的计划，有系统的年复一年的作下去。

因此之故，我建议台湾省政府委托台大编制近代式的台湾省的通志。经费应由省府负担，调查研究编撰及发行等工作由台大及其他三个学院的师生分类担任。

台湾省通志的历史部门自然由历史系的师生担任，地理部门由地理系的师生担任，地质部门由地质系的师生担任，生物部门由植物系及动物系的师生担任，气候由气象系的师生担任。这几部门的分工是自然的，无须再加解决。

通志的经济部门比较复杂。关于财政者，应由财政与财政学教授及学生合作。关于金融者，或者可由台湾省银行的专家担任。关于企业者，大部分或应由各业的主管担任。譬如：糖业由台糖公司担任，铁路由“交通部”担任。

通志的社会部门也很复杂。山地同胞的生活，渔民的生活，盐民的生活，工厂工人的工资、组织，及其它有关劳工的问题，农村的状况，卫生，保险，及各乡镇的特殊风俗：这些题目最好由学者担任，那就是，由学校的社会系、人类学系、农业经济系的师生及机关专家担任。

政治部门应由政治系的师生担任，官厅只供材料，否则通志这一部门要完全变成法规。除有关法规的事情以外，通志的这一部门应该注意政治的运用，如各种力量及各种观念怎样支配实际政治。从学问上看起来，乡镇政治的重要并不在省县政治之下。

教育部门最好请师范学院的师生负责。统计数字当然要请各级教育行政机关供给。不过通志的教育部门，除记录事实以外，应该有专家的评判。

为使这一部新通志能够高度的科学化，编撰者不仅要充分研究图书及档案，作一切研究应作的纸面工作；编撰者尤其要注重实地调查。在校的师生可各就其专门兴趣所在，利用暑假寒假到台湾的各角落去调查台湾人民的生活及自然环境。

我们既然希望这部新通志科学化，其所载事实必须准确与完备，所发议论必须要客观而切合实际。但是这种工作是很艰难的，最好第一版不过于求全善全美。如第一版能于三年之内出书，以后各期续版可以补充与改善。

有了这样一部通志，省府在各方面的工作就能有比较可靠的事实作根据。在拟计划的时候，无论是行政计划、经济计划、教育及福利计划，有了通志的材料，比较容易求计划的切合实际。

参加这样一部通志的编撰，可能在台湾的高等教育界发生有历史意义的变化。第一，知识阶级与实际生活不致脱节。第二，知识阶级的求知对象将扩大，而求知的方法亦将更加灵活。第三，知识阶级的根本人生观可因而康健化。他们参加这种实地调查以后，将更了解人生的复杂。一方面他们会知道人类没有一步登天的办法，另一方面，他们会了解天下事大有可为，只要我们肯努力，继续不停地用我们的智慧去努力。

——选自《自由中国》第九卷第四期（一九五三年八月十六日台北出版）

第三辑

九一八的责任问题

假若九一八事件发生在别的国家——这当然是不可能的，我们想想这事件大概会怎样发展。无疑的，一方面的发展是军事的抵抗。又假若该国也像中国一样不但无抵抗的能力，且也无抵抗的坚强意志——这当然也是不可能的——那又怎样呢？最低限度，民众团体，舆论机关，及国会代表要群起追究这事件的责任和经过。政府呢，将不待国民的催迫，就会在国会里发表负责的、附有证据的说明，同时又将不待国联的调查，就会发表白皮书或红皮书或蓝皮书使全世界都能明了该事件的真象。这些口头的或书面的说明，虽然不能完全是客观的、科学的，纵使大部分是当局者为自己的粉饰而诿过于人的，总而言之，不待周年的国耻纪念，该国政府对于该事件的官方观，早已为世人所熟知了。

现在我们已到丧失东北的周年忌日了，而我国政府至今没有这样的说明。直到现在，关于九一八事件的远因近因我们还有许多问题存在。我国没有国会，当然没有国会记录可寻找。但是我们的政府是对党负责的；政府对党总应该有一个系统的报告。若是有的话，我是没有看过，也没听人说过。至于各国外交部所惯有的色皮书，我至今没有听说我们的外交部关于九一八事件发表过。这是个甚么样的政府？甚么样的国家？

九一八的责任问题没有多人提出过，最大的原因是一般人都想这责任无疑是在日本身上，用不着追究。除非我们把整个东北送给日本，无论我国人民及政府怎样对付日本，九一八事件是要发生的，日本是要用武力占领东北的。这几乎是我们全国一致的观察。我对此观察大致是同意的，但不能全无疑问；并且就是中日彼此间的责任问题明白了，我方事前预防的努力的方法及程度都是有问题的。

九一八的事件说是日本预谋的，因此是万不能避免的，未免太笼统了。若指日本的军人言——恐怕也还有例外——这话大概是对的。若指彼时的日本政府言，这话显然是不对的。我们的证据是：第一，九一八事件发生之前，日本显然没有外交的预备。国联关于此事最初两次的开会绝不利于日本。就是日本所反对的议案，理事会公然提出，毅然付表决，置日本的反对于不顾。倘九一八事件是民政党内阁的政策，那末，日本外务省事先必有一番的努力。纵使我们承认日本外交的笨拙，也不至于全理事会无一国的代表与日本表同情。现在我们知道理事会间接限期撤兵的议案之通告（日本除外）最要原因尚是欧西各国不明事件性质的严重；不然，他们也不会骑上不可下的老虎。这更足证明日本事先没有外交的预备，间接证明九一八事件不是民政党内阁的政策。第二，民政党内阁的丧失政权及其最要阁员井上的被刺，皆足证明日本军阀之不满于民政党及民政党之不与军阀同道。第三，为防止事件之更加扩大，币原曾同意于我方锦州设立中立区的提议，并对美国有不侵犯锦州的声明。

不但此也。去年夏季日本政府曾要求我方与之交涉东北悬案，我方除推诿外别无所为。据我所闻，币原曾向我国驻日公使表示中国应趁他在朝的时候与日本协议两国关系根本的改造；他说他固不能做人情而不顾日本的利益，但他的后任者要的价恐怕更加高而且必至闹到不可收拾的田地。币原这种劝告，听说我方置之不答。我不说我国当局不接受币原的要求就是错了，因为就是民政党也可提出我方绝不能承认的条件，但我们应该知道到底在九一八以前日本对我们提出了没有一种妥协的方案；倘若提出了，其内容怎样；我方的应付是简直不与谈判呢，还是虽起始谈判，因双方相差的过远就中途停止了。这一段管家的经过，是公仆的政府应该向主人翁的国民报告的。

原来中日的外交，双方均是感困难的，在我们这面，日本在九一八以前已实施了高压的手段，强夺了不少的权利，不能不教我们仇视日本。但是我们的国家尚在统一建设之中。倘若这建设的中国是仇视日本的，必于建设未完成之先遭日本莫大的打击。这是显而易见的。为新中国计，无论治本是亲日或仇日，在过渡的时期不能不万分努力以图避免中日的决裂。就是不为国家打算，单为军政界的领袖打算，也不能不如此，因为我可断定，仇日的领袖或党派，日本人决不是绝不可能的事。尚情感者必说：甲午以后，或二十一条以后，中国对日就只有报仇的政策。现在姑不讨论这政策的根本是非；我们要记得，普法之战以后，法人仇视德国的情感当不在国人对日仇视之下，然而直等到法国元气恢复了，俄国的联盟成立了，法国在朝的当局无不尽其力之所能以免法德的决裂。我现在要提出责任问题是九一八以前的我国外交当局，尽了还是没有尽了他们力之所能以免中日的大决裂。照我所知，他们不但没有尽，简直不知道大祸之将至。甚至在野人士有以日本舆情之激烈相劝告者，当局亦置之不理。除非别有证据拿出来，九一八以前外交当局的误国之罪是不能逃的。

九一八事件发生以后，日本的宣传集矢于东北地方当局。这自然有其作用。我们不可完全根据这种宣传来评判我们的疆吏。并且我们还要记得：东北悬挂青天白日旗及积极修路筑路，无论其原动力如何，总是走的路对。张学良氏近日有句话，大致说："如张氏父子不爱国，那能有今天之祸变？"其实所谓爱国在今日应该是人人公有的道德。尤其在负国家大任者不能以"爱国"二字搪塞一切。据欧美新闻记者及外交官的调查，近几年来东北人民所受政府及官吏的压迫和剥夺简直不堪言状。这般中立国的人士都说九一八以前的政权，就是为东北人民计，是不应该恢复的。凭良心说，东北我也曾实地去考察过，东北的地方行政，若拿关内来比较，只有比平均成绩好，不会比平均成绩坏。但这是因为东北经济较为发达，一切行政的设施比较容易见功效。有了那种经济的基础，当局的人不能励精图治，只知穷兵黩武，闹到财政破产，民不聊生；这责任除东北当局外是丝毫不能移到别人身上的。一国内政的好坏固然不能充作外国侵略理论的根据。但国际政治事实上论理的少，论势的多。就现在国际大势论，东北以往行政的成绩可说是东北问题的致命之伤。

九一八以前的外交，东北当局亦不能完全脱离责任。名义上虽为中央主政，事实上地方实左右之。据我所闻，推诿的政策与其说是中央所决定，不若说是地方所酿成。此外中村案件及高丽人租地问题，地方当局亦未处置得当。三年以前中俄的冲突，表面上与九一八事件无关系，事实上确不少。从法理的立场看，中俄的冲突不能说是俄方负责的；从政治的立场上说，简直不必多此一举。当时军事的经过，因为我们只读受过检查的报纸，还是不明真像。日本及欧美的报纸则无所忌讳。他们说苏俄军队实际入中国境者不满三千人；中国军队除一旅外，毫无抵抗能力。在满洲里及海拉尔，中国军队不但没有抵抗，且于奔逃之前，大事抢掠。冲突的结果是屈服于俄国的条件。最近英国舆论界领袖库得斯氏（lione Curtis）发表一部大问题的中国。其论中俄冲突与九一八事件的关系颇值得我们的注意。他说：

"日本从此事件得了一个结论，就是中国的军队，若以迅速的强有力的行动临之，无不崩溃。中央及地方的关系是如此疏远，外国可以以武力对付满洲的地方政府而不必对中国宣战。……以事后之明论之，苏俄的胜利，毫无疑问的，给了日本武人一个很深刻的印象，尤其是在满洲的日本军官。”

三年以前的中俄冲突的责任，虽在公文上中央已负担起来，但照中国政治的实情看来，地方当局至少要负一半。

然而中央及地方的当局者究竟均是人，还均是中国人。他们也免不了受环境和时潮的支配。我们近几年来朝野所共造的空气，一句话，就是虚骄自负。今天打倒这个，明天打倒那个；不问自己的能力是否与欲望同时长进，不权衡事件的轻重缓急；好像我们的敌人愈多愈好；自己让自己的口号标语麻醉了，而美其名曰，这是“革命的外交”。等到九一八事件一发生，前日我们口号标语中所要打倒的，我们厚起面皮来，求他们同情和帮助。当局所作的就是仰承他们的主人翁——民众——的意旨所作的。有这样的民众然后有这样的当局。全国都变为开空头支票的。好在还有一班明眼的外人，知道中国民众尚是中古的民众，所谓口号标语不过是中古人的符咒，是无关紧要的。

我们不要白过九一八的忌日而不去追究我们的当局和我们自己的责任。若是白过了，第二次和第三次的九一八事件还要发生。至于日本的前途，我是不替她抱乐观的。自从去年的九一八到今年的九一八，日本的军阀，除为日本民族挖坟墓外，别无所事。所可忧虑的，日本的失败未见得就是中国的胜利。

——选自《独立评论》第十号（一九三二年九月十八日北平出版）

南京的机会（节选）

经过这二十年的革命和内战，我们政治的勇气和理想已丧失大半。在一八九八年、一九一二年、一九二七年，我们都曾过了短期的改革蜜月，好像新天新地已在目前。现在我们知道这些都是海上蜃楼。自由主义不讲了，约法宪法的争执也过去了，取消不平等条约的口号也不时髦了，任何新标语都不出色了。新出的杂志都没有劲，都唤不起任何运动和潮流。随便你讲什么主义，提什么方案，听者都不置可否。我们革命疲了，战争疲了，失望疲了。

几年前，我们对国家的统一抱无穷的希望。现在呢，我们也不谈统一了。因为谈有什么好处？我们倘表示对统一的渴望，军阀们又会利用统一的美名来行所谓武力统一。那些想以武力统一中国者，虽曾一时的名震天下，一个一个的都失败了。他们的遗迹就是遍地的军阀和饥寒交迫的民众。这样的求统一不如不求统一。我们有了这多年的经验，再加上日本的侵略，于是对内的企图，由统一而转移到暂时的安宁。如果废止内战大同盟有民众的基础，这个基础就是民众求苟安的心理。

这种心理产生了一种思想。一般民情以为南京所代表的统一是无数代价换来的，绝不可使之摇动。没有人说南京好或国民党好，但是人人都怕南京倒了以后的不可收拾。就是极不满意南京的人——这种人并不少——也不愿，且不敢冒天下之大不韪公开的来破坏南京的基础。这种思想是中国当前政潮的一个大潜伏力。

上面所讲的民众心理和思想又产生一种方案。不少的人把中国的政治病看作肺痨，不能开刀，只能徐图补养。他们想中国的政治是中古式的，因为中国的社会是中古式的。倘若我们能得到妥协的割据，我们就能慢慢的养成近代式的社会。所谓妥协的割据，就是割据虽割据，但一方面不打仗，一方面让一个中央政府存在，使他能办外交，能维持最低限度的文化事业，和建设几件全国有关的事业如粤汉及陇海二路的完成。这样的割据虽不能免养军之费，但战费及战争的破坏可免，中央及地方政府均可因此作点建设事业，而人民因为时局的稳定也可以进行他们的私营事业。这样一来，元气能渐恢复，体内的抵抗力能渐提高，痨菌就可制止了。纵使将来这种割据的妥协不能永久维持——我们也不希望它永久存在——经过相当时期的休养，以后的战争或者不至于如以往的之无意义，无成绩了。不然，我们简直无希望了。如果内战还继续演下去，我们这个社会不但不能脱离中古式，恐怕简直要回到史前式。交通也要"复古"了，从火车交通回到大车。住宅也要从房室回到穴居。我们这个社会崩溃的趋势已经很明显，当局者绝不可大意了。

依我的观察，上文所说的是目前全国最普遍的政治意愿。这不是一个积极的运动，没有口号，没有主动，只能说是一种意态（Mood）。少数青年或者因此不满意而恨生活的沉闷；多数革命专家或者也不满意，因为在这种空气之中，英雄无用武之地了。所谓英雄——用不着说——就是指他们自己。照我看来，中国今天有这种意态就是中国人的政治知识的大进步。因为实在说起来，一个民族生活的演化不能有突变的。民族的进步不能靠少数领袖的号召，也不靠一个万能的药方。实际的进步还是靠无数人，不动声色的，努力于他们日常的工作。革命不过提出一种目标，其实现往往有待数十年的努力。就是最震动世界的苏俄革命，还须第一个第二个，将来必有第三第四个五年计划，然后能产生一个健全的共产国家。这种五年计划当然是很好的宣传资料，但是在苏俄一般工人农夫的生活上，五年计划是什么呢？是多作工，多出汗。一个民族能看穿政治的浪漫而又继续努力不浪漫的工作，那个民族的前途就有很大的希望了。

这种意态是南京目前的大机会。第一，因为人民现在降价以求了。我还记得一九二七年西湖的一个老船夫和我的谈话。我对他说，现在革命军已经收复了浙江，老百姓总好过日子一点罢？起初他不愿意回答，后来他仅说什么好处都没有。过了许久他又说："蒋介石没到杭州之先，人都说革命军一到，米价就可落到五块。现在米价反涨到八块。你看革命有什么好处？"老船夫的奢望是人人有过的。有些奢望是人人有过的。有些奢望革命给他们官作，有些奢望革命替他们免除苛捐杂税，有些奢望革命能赐给中国三民主义，有些奢望革命能取消不平等条约。这种奢望也难怪，一则因为这些事情是人民感觉的需要，一则因为国民党曾给过人民这些支票。革命军到了以后，他们当然要兑现。经过这几年的失望，人民知道这些支票是废纸，早已不要了。人民的奢望已经扫干净了。所以现在南京要得人心是比较容易多了。只要政府能实地去作，就是成绩慢一点，人民也就满意了。

第二，因为现在民情及局势似乎可防止内乱的发生，南京大可利用这个机会来作建设的事业。究竟中央直辖的省份是全国最富的省份。中央在国内国外的活动能力比任何地方当局的要大。我们这个民族受过几千年的帝国训练，总觉得一统是国家的常态、是治世，割据是国家的变态、是乱世。所以我们虽不希望南京这时完全统一中国，我们确承认南京是法统所在，也是真正统一的基础。所以南京在物质上，精神上，均占优越的地位。

南京的前途要看南京如何利用这个机会。利用的好，南京的优越地位不但可维持，且可发展；不会利用，南京也可变为将来的“南平”。奢望当然不必提，几件事情是南京必须作的：

第一，直辖各省的地方行政必须比其他省份更加廉明，更加现代化。

第二，军民须分治。这是政治现代化的第一个条件，也是中央防止卵翼军阀的方法之一。

第三，党不可成为人民的负担。民间讨厌党的程度不在讨厌军阀程度之下。党部，中央的及地方的，衮衮诸公切不可执迷不悟。南京事实上不能无党；非南京直辖的省份可云有党而实无。这是这些省份的大便宜，这是南京的大困难，因为人民免不了把党的罪恶移到政府身上。一个党外的人当然无资格来谈党的改革，但他可以，他应该报告民间实在的议论。据我所知，一般人民见党就头痛。

总而言之，南京的地位不可单靠法律和军队来维持，来发展。中国现在固然是百端待举，但归根起来，还是一件事，就是国家的现代化。南京的政治设施必须表示它有领导中国近代化的本领。

——选自《独立评论》第三十一号（一九三二年十二月十八日北平出现）

我们现在还有什么话可说？

我们一面看见敌人在那里用炮用火轰击我们的城池，屠杀我们的同胞，一面又看见离前线五六百里的大学的学生在那里开大会讨论提前放假停止考试及要求学校担保生命安全诸大问题，我们在这个时候，处这种境遇，还有什么话可说呢？我们文人从此以后没有资格骂武人了，因为在这个时候，好几百位兵士已为国家牺牲了他们的性命。

勇敢，不怕物质危险的勇敢，照心理学家的研究，大半是天生的，与人们的知识道德没有多大的关系。所以怕日本人来掷炸弹或怕土匪来抢而要预先设法避免，这是人之常情，不必认为可耻。不过，避了就算了，用不着说些虚伪的话。

我们都没有受过军事训练，不能上战场，上战场也是无用的。国家现在不是缺乏兵，是缺乏军器和军事的科学知识。所以我们不上战场，国家也不能怪我们没有尽职，我们自己在良心上也没有什么过不去。

我们都是今天不知明天的事。恐怕连日本人也是今天不知明天的事。在这个当儿，我们不要连平日所有的一点常识和一点责任心都抛弃了。我们应该紧紧的拿住这点常识和责任心来作我们的引导。我们虽有许多不知道的事，有几件是常识和责任心所指示很明显的。

第一，如我们有些许特长可以助军队御侮的，只要机会一到我们面前，我们就应该不辞劳苦贡献于国家。假若同类的事发生在西洋或日本，他们大学的学生，我敢说，第一要问的，不是停考不停考，放假不放假，自己性命安全不安全；他们第一要问的是：我能有什么贡献？

第二，如我们在这个时候不能积极的帮助国家，最低限度我们不要为国家之累。后方社会的安宁及人心的镇定于前线的战斗力有莫大的关系。假若同类的事发生在西洋或日本，学校当局未得政府的命令就放假的，纵不枪毙几个，也要受严重的处罚。因为这事徒增社会的惊慌。所以要回家避难的，不应再在校内校外闹事张声了。

第三，在这个时候，我们二十多岁的青年男子既不能保御国家，最低限度不可要求别人来保御我们。在这个时候还要求学校担保我们生命的安全是我们的大羞耻。难道这点丈夫气都没有了？如果我们幸而保全我们的生命，我们还要在世上作人。这点丈夫气都没有的人保全了生命有什么好处？将来为国家服务那一套话我们还有脸说得出来么？

第四，在这个时候，我们再不可说虚伪的话，作虚伪的事。电报不必打、宣言不必发、传单不必散、标语不必贴，避难就算了，回家过年就算了，逃考就算了，不要再在报上说什么扩大反日的工作。如全无事可作，读读《儒林外史》。

第五，信谣言不如信报纸。谣言是全不负责的，报纸不能全不负责。

青年们，我们仔细想想，平心静气的想想，我们的国家如何到这种田地。岂不是因为我们的祖宗和他们的祖宗当青年的时候和我们一个样么？中国的大患不在榆关，是在我们的心里。

——选自《独立评论》第三十五号（一九三三年一月十五日北平出版）

国联调查团所指的路

去年十二月十日国联行政院的决议案所给与调查团的任务有二：一个是调查中日冲突的远因，近因，及现状；一个是考虑解决的方法。“该团声明对于已往行动之责任，坚持较轻，而对于寻求防止将来再发生此类行动之方法，坚持较重。”调查团虽把两种任务都作了，确自定了轻重的区别。因此报告书虽是整个的，前后相贯的，末后两章——论解决原则及具体方案的两章——无疑是报告书的主脑。调查团也因此仅首先发表前八章的摘要，于后二章则发表全文。

黎顿爵士及其同事在这二章里为中日两国指出了一条邦交的新路。其精神及主旨完全与行政院的议决案相符——“务须对于两国之根本利益，予以调和”。这是我们完全赞成的，也是我们历年所主张的。原来现代的外交不是在占便宜，是在调和国际的利益。我们外交的出路也不是在危害外人的利益来促进我们的利益，是在设法使中外的利益共同长进，最低限度，要使我们的利益不受外人的害。本此精神，调查团要日本退让两件事：（一）取消“满洲国”，（二）撤回东省的驻军。同时也要中国退让三件事：（一）东省的特殊自治制度的创立，（二）日本在东省经济权利的承认，（三）中日新商约的缔结。为善后计，调查团此外又提议中日两国应缔结和解、仲裁、互不侵犯、及互相之条约。我们现在看看这个方案是否“对于两国之根本利益，予以调和”。

在调查团的眼光里，日本对中国有两条路可走：一条就是九一八以来所走的路，用武力分割中国。换句话说，在中国的领土上建设亚洲大陆帝国。九一八的事变，在日本方面，是按照预定计划行的，非自卫的。调查团报告书第四章说得有据有理，无论日本如何强辩，我们恐怕这个判词是天下永久的定谳。“满洲国”原先是日人造的，现在也是日本人把持的。换言之，“满洲国”就是日人大陆帝国的实现。有了这个第六章，“满洲国”的傀儡戏完全揭穿了，日人此后再不能掩盖天下人的耳目了。这条路是军国主义的路，是走不通的。“满洲国”的维持“与国际义务之主要原则不合（Does not adpont to us compatible with the fundamental principles of existing international obligations），并与远东和平所系之两国好感有碍，且违反中国之利益，不顾满洲人民之愿望；兼之，此种办法日后是否可以维护日本永久的利益，亦尚属疑问”。日本单靠移民不能解决她的经济问题。移民以外，必须图进一步的工业化。若然，不能不谋市场。那末，中国关内各省市场的重要远在东省之上。为日本计，中日关系比日满关系还重要。日本断不可因专顾满洲而丧失中国国内的市场，何况在日本军国主义之下满洲不能安宁，经济无从发展呢？至于日本军阀在东省设防的计划，调查团亦以为行不通。“日本军队受时怀反侧之民众包围，其后有包含敌意之中国，试问日本军队能不受重大之困难否耶？”维持“满洲国”及在满洲设国防皆是军国主义的政策，行不通的。其理由除调查团所举的外，我们还可加一个：就是调查团的报告，尤其是第五章及第九章。依我看来，这两章给了“满洲国”莫大的打击。

调查团确为日本指出一条新路：日本放弃在东省的帝国野心而专力于纯粹的经济事业。日本怕中国危害她的已得权利么？调查团提议中日两国新订条约，承认日本在东省之经济利益，包括铁路及土地商租权。日本怕以后东省的发展没有她的份么？调查团提议中日在东省经济合作，日本怕东省行政不良足以妨碍她的经济事业么？调查团提议东省应有特殊的自治制度。此外调查团还提议中日新商约以图促进中日贸易。日本所有的实在利益都顾到了。调查团并不要日本放弃她的根本利益，不过要日本变更求利益的方法。

日本所走的路及调查团所指的路有很大的差别——时代的差别及国情的差别。一条路是军国所走的，一条路是工商国所走的。调查团的团员均来自受过欧战洗礼，工商经验及殖民经验较富的国家。他们的思想恐非后进的日本帝国所能领会。不知调查团曾否考虑日本的国情。报告书第一章认中国近年的政情使中日冲突尖锐化了。中国近年一面图谋收回国权，一面继续演我们的内战，使友邦皆感不便，尤其是邻近的日本。我认为这个批评虽非公允的，但是客观的而且是友谊的。我惋惜调查团未对日本近年的政情照样加以客观的，友谊的研究。因为远东问题闹到如此田地，日本的政情和中国的政情是同等的造因。日本的物质文明是近代而又近代化了，但是她的政情包含着封建及军国元素甚多。军阀的跋扈，在乡军人会及黑龙会的活动，亚洲大陆帝国的野心：这些现象不加以研究，则远东问题绝不能了解。西人徒知近年与中国交涉的麻烦，不知我们与日本邻居的困苦。日本不但地理上多火山，政治上就是远东、全世界的一座大火山，时时可以爆发的。因为调查团对日本的政情未加充分的研究，所以报告书论中国政情致有欠公允之处。报告书说国民党使中国近年仇外的空气浓厚了。不错，但此中有点大区别不可忽略的。国民党在野时代向带亲日色彩。孙中山先生看破了缔造新中国须得日本的好感，他一生所处的境遇也不容他不联络日本。联俄以后，北伐之初，国民党虽口倡打倒帝国主义，取消不平等条约，实际的对敌是英国。南京案件发生的时候，新兴的国民党与日本尚是感情融洽。近年国民党及一般民众对日本的恶感实起自济南案件。这是客观的史家所不能否认的。报告书摘要不提济案。我不知道调查团是否认清济案的真正意义及其所发生的影响。日本所派到济南的军队，不是来保护日侨，是来要过路钱的。派遣军队到济南就是明白的表示：除非中国给日本相当的报酬，日本不会让中国统一。所谓相当的报酬就是东三省。假使在一九二八年及一九二九年的前半，国民党当局把东省送给日本，就是田中也不得派兵到济南。纵使我们承认济案及九一八事变，国民党的过激主义有以招之，一九一五年的二十一条总不能归咎于国民党，一九一二年，日本一面与民党联络，一面与清廷交涉，许清廷以协助，只要清廷愿意放弃东三省，调查团的团员倘各翻看其外部所藏之外交公文，就知道此中的内幕。宣统末年，第一个银行团准备大借外债与中国的时候，日俄两国竭力阻止，说明中国的现代化不利于日俄。调查团只分析了中国近年的政情而不注意日本近年的政情，因此团员对远东问题的性质未得着根本的认识，又因此所提出的解决的方案是日本军阀所不愿接收的。

调查团似乎不能不知道前段所说的。调查团或者想日本不乏开明的领袖。倘国联及美国给这般人相当的精神援助，他们或能挽回狂澜。所以调查团的方案与去冬民政党内阁所提出之基本五条若合符节，在利于日本方面，只有过而无不及。虽然，我们对于调查团的方案是佩服的。远东和平关系中日两国的前途和全世界的前途太大，调查团不能因为日本已疯狂的走上了死路，就不尽人事之可能而不指出一条活路。在我国方面呢，我主张不问日本接受与否，我们除一点应保留，一点待考虑外，应完全接受调查团所拟的方案。我这样的主张，并不是因为我不知道这方案含有若干矛盾及其有不利于我国者。调查团向我们指出一条新路。概而言之，这条路就是中日合作。调查团的理由有两个：

一、“中日间此种经济之接近，固与日本有重大之利益，与中国亦有同等之利益，盖中国藉此经济上及技术上与日本合作，可获得建设国家主要工作上之助力。”

二、“中国有识之士既已承认建设与近代化为该国之根本问题，亦即该国之真正国家问题，则彼时不能不确认此种业已开始且有如许成功希望之建设及近代化政策之完全，实有赖于一切国家培植友好之关系，而与彼在咫尺之大国维持良好之关系，尤属重要。在政治上及经济上，中国均需要列强之合作，而日本政府之友善态度及满洲方面之经济合作，尤为可贵。中国政府应将基于新唤醒之民族主义之一切要求——即使不正当而且急切——置于此种国家内部之最高需要之下。”（all the other claims or her newly awakened nationalismitlegitimate and urgent though they may be —should be subordinated to this one dominating need for the effective internal reconstruction of the state）我主张接受的理由就是调查团所举的，尤其是第二个。国人不可不再三细读调查团这段良药苦口的忠言，其中所含的意义是极深厚的。我国当前最急要的事业，无疑的，是国家整个的现代化。为完成这事业，无疑的，我们需要“日本政府之友善态度”。为获得这友善态度——万一尚有方法能获得——更无疑的，惟有承认日本在东省的经济利益及中日经济合作这一条路。无论我们对国联调查团所指的路是如何悲观，我们不能不竭力竭诚一试。因为失败的责任，无论如何，不可落在我们的身上。

我所要保留的一点就是东三省特别自治制度应有确定的年期限制。论这制度产生的方式，表面上是由中国政府以宣言行之，事实上是根据中日的协定，因为中国政府的宣言事先须得所谓顾问会议的通过，而这会议的代表实际是中日各半的；事后又须“转达国际联合会及九国条约之签字各国；国联会员国及九国条约之签字国对于此项宣言当表示知悉；而是项宣言将被认为对于中国政府有国际协定之约束性质；此项宣言嗣后倘须修改，其条件当依照上述之程序彼此同意宣言本身中，预为规定”。论其内容，这制度对中央政府之权利加以极大限制，对地方政府强以聘请外国籍顾问，尤其是日本籍顾问，且取消中国在该地方驻兵权。方式同内容皆损害中国主权，而修改这制度必须得日本的同意，就国联的立场说，这个办法说不通。就是国联的委任统治制（mandatory system）尚以培植受委治者的完全自主为目的。东省这种特殊制度，既违害中国的主权，可能无年期的限制？调查团虽说过此制度之最后目的，“乃为造成一种纯粹中国人之吏治，使无雇用外人之需要”。但无年期明文的规定，则易引起纠纷。至于中央及地方政权之划分全无终止之日，更不适当。就中国的利益说，中国应能斟酌情形变更中央与地方权限之划分；且各省与中央之关系应该一致；既不一致，只应为短时的，过渡的。我以为不如把这制度分为三项，各别处理之。中央与地方权利划分的协定应限十年或十五年；此后则如他省一样同受中国宪法的约束。外国顾问应于特殊制度终止后五年或十年按年递减净尽。至于不驻军一层，不妨在宣言中不提，而搁于中日和解，仲裁及互不侵犯的条约中，而无年期的限制。这样国联盟约，中国利益，及远东和平均可顾到了。

我说待考虑的一点就是中日经济合作，尤其是中日新商约。我们平日也想中日经济合作是一个解决的方法，苦于想不出一种办法一方面能使日本满意，一方面又能不反门户开放主义。九国条约给此主义的界说是：外国不得在中国任何区域有任何优越权利。我不知道我们如何可以与日本合作，同时又不违反这界说。原来海约翰提议此主义的时候，并未咨询中国。到华府会议，中国确签订了九国条约，且现在的门户开放主义与中国领土及行政的完整是分不开的。为中国计，此主义应竭力拥护，不应由中国破坏。可惜报告书的摘要，于经济合作，及中日新商约，言之不详。我们只能留待考虑。

——选自《独立评论》第二十二号（一九三二年十月十六日北平出版）

长期抵抗中如何运用国联及国际

中国近代的厄运之主要原因，无疑的，是现代化的迟缓。换言之，就是内政改革的失败。所以对于靠国联不如靠自己的主张，我是十分同情的。但是立国于现代的世界，不仅一般弱小国家，即少数所谓大强权，都不能一日忽略国际的关系。内政与外交好像左右两腿：左腿向前进一步，右腿必须跟上，不然，全体就不能有进步。内政办得有起色，外交因之容易办；外交应付得宜，内政的进步亦因之更加顺利。我们要记得：我们统一的迟早和程度，工商业发达的快慢，铁路干线完成的早晚，处处都受外国政府和人民的态度的影响。我在这里要讨论长期抵抗中如何运用国联和国际，不是因为我想国联和国际，不问我们奋斗与否，牺牲与否，就会把东北四省送回给我们；正是因为我深信现在唯一促进国联和国际帮助我们收复失地的方法在于图内政的改革——或国家的现代化。

《日内瓦日报》（journal de Geneve）的前主笔马丁教授近在北平政治学会讲演的时候，说了一句很使我伤心的话。他说：中国与国联的关系可分为两个时期：第一时期是中国无所求于国联因而冷淡的时期，第二时期是中国有所求于国联因而热烈的时期。马丁教授说这话的时候一定也是很伤心的，因为他是国联的忠实信徒，会为国联的原故而替我们在日内瓦奋斗的。他这句话最足以形容我们全般的外交。我们是精于打小算盘的！不见利就不为义。我们是天生的物质主义者：政治上的精神力量——政治的不能测量的元素是我们所看不起的。国联盟约这个东西我们平日——或者甚至于现在——不是把它当个“好好先生”看吗？国联在国际的重要及其所以然，我们看不清楚，因为我们想这根本值不得我们的注意。国联不是个理想的东西吗？有人这样的疑问。它不是资本主义和帝国主义的工具和假面具吗？还有人这样的判断。

国联在现今的国际上有两种重要。第一：它是世界的公安局。在欧战以前，各国是各自图安全的保障的。各国各自图安全好像各人各自图安全一样——一样的不经济，一样的危险。我带一枝枪，你也带一枝：我疑你的枪是对付我的，你疑我的枪是对付你的；为先发制人，战争就爆发了。我怕你的枪比我的厉害，你也怕我的比你的好；于是你我都节衣缩食以求枪杆——军备——的精良。有一天，我想我的努力得到了相当的成绩，我相信我的枪实在比你的好，我就趁早向你开放起来。上次世界大战就是这样的打起来的。你我现在不带枪，不各自图安全，因为我们有公安局。上次大战只有战败者，没有战胜者；因为就是号称战胜的英法在战后的富庶和安乐不但不及战前，并且十五年的努力尚不足以复元。拿现在的军器来演第二次的大战，其结果不是人类的末日，也会是文化的末日。所以战后有许多远见的人——在大国的不少于在小国的——一致的主张组织一个国联，一个世界的公安局。他是小国的必需品，这是很明显的，全无疑问的。同时因为以上所说的原故，他也是大国所需的，不过大国的需要国联究竟不如小国那样的迫切。我们拿英国来作个例子。现在在英国的国联同志会的会员有三百万以上之多。那一个英国政治家敢公开的藐视国联？尽管有些是口是心非，他们不敢不“口是”已经表现国联在英国的势力。这次为国联报告书的通过而奋斗的捷克、瑞士、瑞典、哀尔兰诸国的代表，我们要认清，与其说是为中国奋斗，不如说是为国联的前途而奋斗。他们觉得中日问题是国联的试金石，而国联又是他们国家的公安局。

第二，国联是现代世界的公益局。有许多事业是各国的公益而非一国所能单独举行的。如劳工待遇的改良，麻醉品的取缔。还有许多问题虽发生在一国而其影响则牵连许多国，如数年之前奥国的经济破产。实际上，现代一国的贫穷能使全世界均减富，所谓局部的问题都是全世界的问题。

第三，国际的形势大部分在国联之内表演。国联和国际已到了一个不可分离的状态。日本除外，其他列强均将假国联的名义以贯彻其政策。当然各国的外交都以维护自己的利益为第一目标，但其主要的活动场是日内瓦。

国联现在固然没有海陆军，固然无制裁能力，固然不是太上政府，固是幼稚的，但它的目标是对的，所走的路是对的，说它是资本主义的工具的人并不承认军备是不应该裁的，仗是应该打的，大国是应该并吞小国的；他们也不过说国联的毛病在于不能实行盟约的条款。就中国说，我们所患的不是国联盟约之不利于我们，也是国联的力量的薄弱。那末，我们运用国联的第一个方法就是要培养国联的力量。别国不信任国联的时候，我们要特别信任它。别国事事处处要破坏国联的威信的时候，我们一举一动都要尊崇，要提高国联的威信。别国的人如说国联盟约是废纸，我们就要说盟约是天经地义。别国的人如说国联只能管欧洲的事，我们就要说国联是全世界的仲裁者。别国的国联同志会会员如有三百万，我们就应该有三千万。别国如把国联作为外交专门研究的题目，我们就应把国联的历史、组织、目的作为中小学的必须课。无论国联提倡甚么，我们都竭力合作。无论国联召集甚么会，我们必派代表出席，且派国内最有资望的人去。

日本退出国联了，我们在国联活动的机会也就到了。在会员国之中，中国最有代表亚洲的资格。国联为维持他的世界性起见，从此以后，再将欢迎中国的合作。

国联不但是我们联合世界一致对日的好工具，且是帮助我们实行现代化的一个好机关。我们如要找外国的专家来帮助我们，国联替我们去找比我们自己找的还要好些。我们如要利用外国的资本来开发我们的利源，国联能作有力的媒介。借用外资，大概现在没有人反对；中国以往的毛病不是聘任外国人太多；是所聘任者间或不得其人。比这更要紧的，是在外国专家指导下服务的人引以为耻而不虚心学习。甲午以前，北洋海军的留学生如刘步蟾、林泰曾诸人就犯了这个毛病。他们自己升官虽然快些，但国家的损失不知几何。

近来政府好几次请了，或托国联替我们请了一些外国专家来。不过作了调查报告书或计划书，他们就回国了，而政府就把他们的计划置之不理了。除军队里的外国顾问外，别的顾问只替我们造计划，并不得帮助我们来实行。这是不能收效的。我们奋发图强的日子——那就是说，切实现代化的日子——已经到了。我们如能在现代化的程序中竭力图欧美资本及技术的合作，我们的进步必可一日千里。

远东问题，归根起来，就是中国的无力，而无力的根由就是中国之欠缺现代化。国联及国际对日本不能施行制裁大部分可说是心有余而力不足。但是国联及国际如有机会来帮助中国改造，这是心有余而力亦有余的事情。一个强有力的中国是当今国际形势的一个必需品。这是我们千载一时的机会。近几十年来，与中国有邦交的列强可分两种：一种是以通商为目的的，如英美；一种是在远东有土地野心的，如日俄。通商的国家惟恐中国自己不富强，因为中国一富强，她们的商业就可以进步。有土地野心的则惟恐中国富强。当宣统末年英美德法组织四国银行团的时候，日俄即起而反对之。现在我们从法国外部所发表的秘密公文，我们知道日俄反对的理由。她们说如果中国能大借外债来修铁路，兴实业，中国就能自强起来，这是与她们的希望相反的。华府会议以后，在华只图通商的国家切望中国的自强更加热烈，有时比中国人只有过而无不及。我们以往没有利用这种国际形势，以致有今日。一误不可再误了。一个富强的中国出世之日就是远东问题终止之日，此外别无出路。我们是这样想，国联及美国也是这样想。从这方面看，国联及国际的利益完全是与中国的利益相同的。

在长期抵抗中，利用国联和国际来图中国的富强，比利用国联和国际来制裁日本，是更容易举行的、更有实效的、更无流弊的。

中日两国的对抗不是我们所求的。直到现在，我还想是两国的大不幸。但我们是处于被动的地位，是迫不得已的。在甲午以前，日本是进步的，顺世界潮流的；中国是守旧的，在内政外交上，均是反动的。日本有了局部的改革，因而富强；富强了以后，就以为无须再改革了，再事西化了。我们的历史正相反：甲午以前，局部的物质改革不见效，于是有戊戌的局部政治改革；又不见效，于是有辛亥的整个革命；还不见效，于是有一九一五年以来的思想及社会革命。我们牺牲之大及上轨道的困难当然远过于日本，同时我们也有相当的代价。现在我们的思想解放亦远在日本之上。日本现在的全盘外交内政都到了反动时期，我们则处于前进及后退两可之间。日本现在无选择的可能，因为她的局面是已定的，我们则正在十字路上。在这个当儿，我们应该决然毅然放弃反动的路而走到欧战后改革家所提出的新路上。不但在外交上，因为日本是反国联及其精神的，我们应该全心的拥护国联及其所代表的新国际关系。就是在内政上，我们也应该如此作。日本军阀讨厌国会及政党，我们则应大行民治的宪政。日本严厉的取缔劳工运动，我们于劳资之间则应扶持劳工的利益。日本的工商业已归少数财阀把持，我们不妨贯彻资本与工业的社会化。

民治主义，政治的和经济的，是一个不可遏抑的潮流。反动只能得一时的成功。反之，天下是民众的天下。在长期抵抗中，我们的基本政策如能顺着世界的大潮，最后的胜利一定是我们的，正如日本甲午以前的努力得着甲午的收获一样。

——选自《独立评论》第四十五号（一九三三年四月五日北平出版）

我们目前对于中央最要的希望

宋子文氏一到上海，国人对他的期望可说是与他所受的欢迎作正比例。第一，华北的政委主席黄郛氏及河北省政府主席于学忠氏都在南方等着他，望他能给华北相当财政的援助。这种期望是极自然的，并且也是极正当的。冀察二省现处兵多民困的境遇，非得中央的援助是不能度日的。何况这两省都是冲要的边省？内部的安宁及人民的富庶在在皆与国防有关。不过近数月来，华北的当局只能顾目前，不能顾将来。原有的军队，不问其战斗力如何，纪律如何，功罪如何，概给以保存。此外土匪、伪军、义勇军新收编者亦在不少。为权宜之计，势不得不出此，这是我们应该原谅的。同时此种局面若不整理，中央无源源接济的能力，也没有源源接济的道理。中央的接济，事实上、道理上，不能不递减。我们希望华北当局对华北的军队，不问其系统如何，专按其各部之战斗力、纪律及对国家的功罪，定一个缩编的方案，分步的但厉害的去执行。第二，黄河水灾的救济及水流的防治也是迫不及待的。所可幸的，中央对此已有相当的注意，宋氏归国之初亦已表示关怀，我们希望宋氏拿二年前防堵长江的精神来治理黄河。或者河北及察哈尔二省的裁军能与治河并行：一部分的治河费用就可同时作为编遣费用。

此外国人对于宋氏的期望甚多，我们不必列举，我们自己对于宋氏回国以后的中央也有一种期望，我们认为是最重要的。我们期望中央从此更加团结，汪蒋宋三人的合作更加密切。

中国问题之大，及其方面之多，无须我们赘述，国人早已知之，汪蒋宋三人各有其特殊经验和地位，合作以应付这严重的时局或能济事；分化则中央在国内及国际上的权威则必大遭减杀。

宋氏这次在欧美的活动引起许多无根的误会。这种误会不但在日本发生，连在国内也曾发生。日本的误会值不得多辩，因为宋氏实际所作到的不过两件事，促进国联技术合作及棉麦借款。国联与中国的合作限于技术，且起始在九一八以前。无论有无中日的冲突，中国借外资及外国技师以求建设是势在所必行的，是中国近百年历史趋势。至于棉麦借款，在美国方面，是一种农村救济政策，我恐怕此中没有丝毫帮助中国抗日的意思。美国政府全盘的政策，不分外交内政，都是以经济复兴为大前提。说美国别有作用者实际自己别有作用。在中国方面，虽汪蒋宋三人屡次宣言棉麦借款只用于建设，我想恐怕实际作不到。现在中央财源如此枯竭，用运又如此浩繁，事实上这批借款不得不部分的，甚至于大部分的移作政费及救灾与救荒的费用。以国联技术合作及棉麦借款为中国政治之新转机者都是神经过敏。同时国人对宋氏在外国的活动也不免无中生有，过事夸大。有人以为宋氏在外国不必如此招摇，如此宣传。殊不知在此宣传的世界，不宣传则不能活动。宋氏的宣传亦有出于不得已者。同时宋氏的宣传大部分不是为自己宣传，是为国家及政府宣传。当宋氏在伦敦的时候，《泰晤士报》的社评，一则曰南京政府为中国唯一有希望之政府，二则曰蒋宋政府以往的成绩尚差强人意。于此可知宋氏并不是在外国出个人风头，为自己抬高身价。

误会除开，政府又怎样？现在汪蒋宋三人是否有政策的争执？先就外交言，据我们所知，中国目前所能有的外交政策就是汪先生近几次在国府纪念周所发表的。我们目前谈不到复仇，因为谈是空谈，空谈只能有害而无益。我们不但内部的充实刚在起始，就是外交的运用亦刚在起始。除非内部充实，及外交联络到相当程度，唱高调者都是误国者。在宋氏出国的时候，国内舆论尚未尽去掉客气；政界领袖尚不敢公开的说：目前的工作在充实内部，不在似战非战的抵抗。现在国内的空气大不同了。唱高调者也不唱了。以宋氏的精明不至落伍。就内政言，目前的急务，无疑的，在力求团结，在避免一切风波。宋氏归国之初，即以团结勉国人，这可以推知宋氏在外所受的刺激，和他自己的态度。现汪蒋宋三人近来的言行，似乎在内政上也没有什么政策的冲突。我们所希望的，是由汪蒋宋三人的合作，进而达到西南合作的结果。

政策如此，利害又怎样？关于这一点，局外的人不应有所猜测。不过我以为就三人各自的事业言，合作有百益而无一害，分化有百害而无一益。国人近二十年来饱尝了要人争执的苦头。现在一闻争执冲突，无暇来分别是非，总是一句判语：争执者都是自私的，都是不对。三人以自己的政治生活为重自然不愿自绝于国人。但是讲合作，不能不行分工。管兵者不能兼管财政；任财政者，不能兼握兵权；总其成者，务须尽调剂之责，理大纲而不问细则。同时若三人以国事的成败为目的，置个人成败于度外，则进一步的团结与合作不难实现了。

——选自《独立评论》第六十七号（一九三三年九月十日北平出版）

这一次的华府会议

自九一八事件以来，国人屡有提议请美国根据一九二二年的九国条约召集第二次的华府会议者。现在世界各国的代表又将集于华府，在英美最有声望的宋子文氏也放洋了。究竟这一次的华府会议是会有利于我们如上一次的华府会议吗？

这个问题可分为三个问题回答。第一，一九二二年冬季的华府会议有利于我们者究竟是什么？第二，当时的国际形势及会议形势有什么特别使我们能得相当便宜呢？第三，现在的形势与当时的形势比较又如何。

第一次的华府会议赞助我们收复已失的权利是有限制的。我们代表团所提出的要求有二种：一种是对普遍国际的，一种是对日本的。对普遍国际的包括关税自主，法权自主（即领判权的取消），外国驻华军队的撤退，外国在华所设邮局的取消，及租借地如旅大、威海、广州湾的退还等项。实际我国代表所要求的就是“取消不平等的条约”，不过他们没有用这个标语就是了。除邮局外，其他各项均是成败参有的。关税我们略可提高；领判权呢，会议以为时机过早；驻军的撤退，会议以为应斟酌时地办理；租借地除威海外别无具体的结果。单对日本的就是一九一五年条约的取消。我们所得到的是山东的收回及日本放弃了十二一条的第五组的正式声明。至于旅大问题，南满、安奉、吉长诸铁路问题，土地商租权的问题，及汉冶萍问题，日本在上一次的华府会议丝毫没有让步。总而言之，第一次的华府会议可说是我们收复失权的初步，离完成还差得远。这也是不足怪的：八十余年的失土及失权的历史那能一笔勾消？

上次的华府会议虽然不能完全挽回已往，却曾努力于保障将来！至少是条约上的保障。九国条约一则曰，列强共同尊重中国政治的独立及领土与行政的完整；再则曰，列强须给中国充分的机会来完成她的统一和建设强有力的政府；三则曰，列强各国不得在中国任何指定区域有任何优越权利。这个条约西人都称为列强自制律令（selfdenying ordinance）；此约在远东问题历史上的重要简直不可言喻，它可以说是关于远东的国际大宪章。

所以把两方面合起来看——挽回以往及保障将来——上次的华府会议可说是有利于我们的：在保障将来方面远胜于挽回以往方面。

当时的形势有三点特别。第一是美国国际地位的优越。欧战期中，美国的富力和兵力有了一日千里的长进，战后美国实有左右世界大势的能力。上次的会议一方面讨论海军限制的问题，一方面讨论远东问题。是时美国并无限制海军的必要。美国人民的负担远在他国人民之下，而富力又在他国人民之上。如美国要与别国争竞，她很可以超过海上霸主的英国。别国如要与她竞争，必至破产。由美国提出海军限制，是她所牺牲者多，别国所牺牲者少，甚至谈不到牺牲。是以美国有所施于人。在外交上，有所施于人然后可以有所求于人。因此美国所提对于远东问题的处置能得着别国的赞同。去年史汀生曾说过：如九国条约不能维持，全华府会议的成绩，海军的限制在内，均将被推翻。海军的限制与九国条约可说是互为因果，互为条件的。

当时形势的第二点特别是欧洲各国都为欧洲的问题所困，无余力在中国发展。同时她们都以为中国是世界的惟唯一的最容易受宰割的大肥肉。在这种状况之下，她们何乐不赞成大家不下手的政策呢？日本适得其反。日本除中国外别无问题，她的国力全集中于中国。并且日本的资本和工业远不及英美。不用政治的侵略，专靠经济的竞争，日本未见得能维持她在远东的地位。保况她的目的不仅在维持，而在发展？美国当时固有余力在中国发展，但美国只须通商的机会均等；政治的侵略是无须的，且是不经济的。在这种状况之下，美国一倡之，欧洲自然和之。这个“列强自制的律令”于是产生了。实在呢，九国条约其说是列强的自制，不如说是欧美联合制裁日本。

第三点特别是大英帝国外交的改变。英国在中国有通商的机会均等也就够了，用不着政治的侵略。关于这一点英美的立场完全相同。门户开放主义是英国的素志。英国最讲帝国主义的内阁总理沙侯（Lord Saliabury）尚以门户开放主义为上策，利益范围与瓜分为下策。在欧战以前，反对门户开放主义的就是日俄两国。战前两国都是英国的与国，那全是为防德。战后，德国败了，俄国革命了！短期内，这两国均不能危害英国。苏俄固尚能以世界革命来动摇英国，但这种危险不是联日所能防止的。所以在华府会议，英日同盟就宣告寿终正寝了。同时在欧战期内，日本的进步颇足使加拿大及澳大利亚寒心。美国禁止日本移民，英属自治领土也禁止日本移民。在巴黎和会，日本提出民族平等的时候，美国、加拿大、澳大利亚都知道这个提议是指他们的移民禁律的。这两国自治领对日所处的地理地位又完全与美国相同。战后，自治领在大英帝国内的重要远过于战前；他们的意志，亲美反日的意志，英国政府不能不尊重。

因为有了以上三种战后的特殊情形，上次的华府会议才能得着成绩。现在国际形势与一九二一年的形势又怎样呢？

上文所举的三种形势基本尚存在。美国的势力仍旧是列强中比较最雄厚的。欧洲各国仍旧为欧洲的问题所困而希望远东没有巨大的变化，希望美国出力维持门户开放主义。大英帝国仍旧对中国只图通商机会均等，对美国力图亲善。然而近十年来世界上发生了一个大变动：上次华府会议的时候正是世界经济上进的时候，这一次则是世界经济最黑暗的时候。会议快将开始，美国竟放弃金本位。美国现在失业的人民在千万以上。去年美国的国际贸易不过一九二九年国际贸易百分之三十。这类的数目字我不必多提：全世界的经济恐慌是当代最重要的事实。

所以这次的华府会议是世界经济会议的预备会议。所讨论的问题分为三大项：战债，各国币制的整理，及国际贸易的提倡。三种问题均严重，均复杂。欧洲各国所欠美国的战债的原本约计美金一百亿元：其中英国所欠的占四十六亿元，法国所欠的占三十亿元，意大利所欠的占十六亿元，原先欧洲各国希望能拿德国给他们的赔款来还她们欠美国的战债。去年德国赔款已由各国决定实际上取消，于是英法意诸国感觉无法还美国。而战债问题一日不解决，国际经济一日不能恢复常态。各国的币制均已放弃金本位；国际汇兑因之纷乱，国际贸易因之加添阻碍。并且各国均求本国货币的汇兑率的降低，以图推销货物于国外。国际贸易近年大为各国关税所阻；长此下去，各国均会回到我国闭关时代的经济。这是世界经济恐慌主要原因之一。

在这次的华府会议，美国所能施于人者是战债的减少或取消。美国大概会拿战债来交换币制的整理和关税的减少。如美国想更进一步，拿战债的减少或取消来交换英法关于远东问题的合作，这就要看合作的范围如何了。如果这种合作需要重大的牺牲，英法必以为要价太高，交易难成。同时我们要知道！美国如能拿战债换得各国金币的稳定及关税的减少，美国的经济恢复就有了希望：这是美国切身的问题，她决不愿因远东问题而牺牲经济恢复的希望。这是与上次华府会议的大不同点：上次美国甘愿为远东问题而牺牲海军的充分发展。所以这次会议的形势不如上次会议的形势之有利于我们。

但是上次华府会议有利于我们的三种形势依然存在，不过因为经济恐慌的原故不能成为动力。这次的会议如能得到关于经济问题的了解，远东问题的解决亦必能有进展。总之，这次的会议关于经济问题已经是预备会议，且其成败颇难逆料；关于远东问题充其量不过是预备之预备而已。

同时中国也为经济恐慌所困。中国的经济不振也是世界的经济不振原因之一。我们如在会议中提出具体的经济振兴计划，比较容易得到列强的协助。最后之最后，这远东问题解决之是否有利于我们还看我们自己的力量如何。我们绝不可因远东问题而忽视这次会议的重要。

——选自《独立评论》第四十八号（一九三三年四月三十日北平出版）

热河失守以后

远东问题闹到如此田地，原由固多，其中最要的莫过于中日两国国情之相左。在日本，武人主战，文人主和而不敢言和；在中国呢，文人主战而首当其冲的武人则不主战，其是否主和无人知之。不幸两国都是武人当政。武人的日本只论势而不论理，文人的中国只论理而不论势。目前日本得着了意外的胜利，终久这种局面只能演到两败俱伤。

自明治维新以后，倘日本武人是时常主政的，则日本的战争尚不只中日、日俄及日德三役。明治五年（一八七二年）的时候，因高丽拒绝与日本往来，西乡隆盛、江藤新平，及副岛种田诸人主张与高丽宣战。适是时岩仓、伊藤，及大久保新自欧美归来，看见西洋文化的进步及日本的落后，力主日本的第一要务是在于速图西洋化的推展。那一次靠了岩仓诸政治家的远见及明治帝的果断，主战的运动总算压下去了。后江藤新平虽以武力反对政府，当局者不但不想借外战来平内争，反以叛逆处置江藤而加以讨伐。明治十年的时候，反文治的领袖西乡隆盛又想以武力来贯彻他的政策。文治派毫不顾惜迁就，致双方鏖战七月之久，兵士加入者几及十万人。这役以后，直到近年，武人反文治者没有敢作到西乡隆盛那个地步的。明治十七八年之际，因中日在高丽驻兵的冲突，武人的领袖黑田清隆一方面愤日兵在汉城的被迫而退，一方面以为中国自中法战争以后将励精图治，就主张先发制人，对中国宣战。那时首相伊藤的议论极值得我们的回忆：

我国现当无事之时，每年国库尚短一千万元左右。若遽与中国朝鲜交战，款更不敷。此时万难冒昧。至云三年后，中国必强，此事直可不必虑。中国以时文取文，以弓矢取武，所取非所用。稍为变更，则言官肆口参之。虽此时外面于水陆各军俱似整顿，以我看来，皆是空言，缘现当法事（中法战争）甫定之后，似乎奋发有为，殊不知一二年后则又因循苟安，诚如西洋人形容中国所说，又睡觉矣。倘此时我与之战，是催其速强也。诸君不看中国自俄之役（光绪六年伊黎问题）始设电线，自法之役始设海军，若平静一二年，言官必多参更变之事，谋国者又不敢举行矣。即中国执权大官腹中经济只有前数千年之书据为治国要典。此时只宜与之和好。我国速节冗费，多建铁路，赶造海军。今年我国钞票已与银钱一样通行，三五年后我国官商皆可充裕。彼时看中国情形再行办理。至黑田云，我国非开辟新地实难自强，亦系确论，惟现时则不可妄动。

伊藤考虑中日两国内情以为不必即时宣战以后，井上馨外相又继续说明当时的国际形势如何不宜于战：

使我与中国构兵，俄人势必乘机占取朝地。彼时朝未取得，饷已花去，俄反增地，非特中国之忧，我日本与俄更近，东方更无日宁静矣。

黑田虽不服输，但明治帝裁夺以后，也就算了。

日本文治派并不是酷爱和平者，伊藤也承认“我国非开辟新地实难自强”。文治派与武人的不同不过是文治派主张战前应有充分的内政与外交的预备，战后应守分寸，所希望者不可超越局势所许可者。中日、日俄，及日德三役均是如此布置的，此日本之所以成为世界大国之一，此日本政治家之所以能成大业。国人当能记得马关条约以后，中国已割让辽东半岛予日本，俄法德三国联合出而强迫日本放弃。三国的行动不为日本留余地十倍于国联的报告书。彼时明治帝、伊藤、陆奥诸人反能镇压舆情，接受三国的劝告，现在国联对日本可谓尽情尽理了，而日本不但不接收报告书，反而扩大事件的严重，加增自己的罪恶。

此无他：因日本近年的内政及世界近年的局势有以致之。我们若不把这两点看清楚，我们不能决定热河失守以后的步骤。近年日本经济的困难，政党政治的腐化，世界法西斯底的潮流，加上日本民族离封建时代之近：这是在日本造成武人主政的根因。荒木也是时代所造的英雄。九一八以前，日本人心已离文治派而附于武人了。九一八以后，武人节节得胜。战争仅十日又得了热河。此时想要日人悔祸，要日人屈服于国联一纸决议之下，这是断不可能的。

自大战以后，欧美人民怕战过于怕虎。元气尚未恢复以前，又来了这三年的空前经济恐慌。共产主义与资本主义，战债，军缩，关税，法意，法德诸问题使得西洋绝难有两国或三国联合对日的可能。而这种联合是制裁日本必须的条件。欧战以前，日本对中国的进攻已有余，所可虑者，日本对西洋的防守力不足；欧战以后，这一点的不足也就补上了。现在日本对中国的进攻有余，对西洋任何一国的防守也有余，日本因此就肆行无忌。在这种形势之下，日本原能占相当便宜；这是日本的一个好机会。但所能占的便宜也不能毫无止境。他不能全不知分寸，把华府会议所造的均势根本推翻。全世界受了这种压迫之后，难联合的亦必设法联合。在十九世纪，英俄原为世仇。德国外交的一个基本前提就是英俄绝不能合作。等到英俄感觉德国的威迫太甚的时候，这个德国所逆料不能发生的联合居然于一九〇七年发生了。日本之进占热河并没有减少、实大加增，日本对全世界的压迫，热河的失守，虽然在我们看来是可万分痛心的，并没有基本改变世界的形式。

不过热河的失守，尤其是这样可怜可耻的失守，当然是有其影响的。精神的损失比土地的损失还要大。自从九一八事件发生以后，欧美一般人民（政府当然别有打算）以为日本之侵略中国有如一个凶汉欺负一个老婆婆。他们旁观者很忍不住，要打抱不平。但是仔细一想，如出来干涉，这个老婆婆不但毫无能力，且须人负荷。旁观者认为一面要背着老婆婆，一面又要与那凶汉对抗，这是不可干的事。淞沪战争以后，旁观者知道了这个老婆婆并不是老婆婆，不过是一个无训练无器械的不幸人，而训练和器械都是可以设法得到的。淞沪之战的影响是全国上下都知道的。国联大会通过报告书以后，热河战争将起之际，我们都以为这又是一个好机会，颜顾郭三代表之所以力主抵抗、宋院长的北上、宋张汤三人的通电，以及全国人民对此通电的鼓掌无非是要利用这个机会来促进世界对日本的制裁。原来事在人为，倘热河的战争能作到淞沪战争那种程度，我虽不敢说国联就会引用十六条，我敢说国联必须向十六条进一步。

经过这一次的大失望以后，我以为我们应须认清这个基本事实。第一，武力的收复失地是绝不可能的。第二，我们须承认汤玉麟虽不足代表中国的军人，十九路军及第五军也不能代表中国的军人。我们以后未必能希望淞沪之战那样的精神胜利。这次热河之战，如我们无这种太乐观的奢侈，宋子文也不与张学良汤玉麟联名发通电了。热河这样的失败，其精神上的损失远过于东北三省不抵抗而失败。我们要看清楚就是我们能在平津作淞沪的战争，其收获尚不能弥补热河这一战的损失，何况我们在平津绝不能作淞沪之战呢？第三，我们丧失热河这个机会以后，我们很难促进世界对日制裁的产生。原来我们绝无左右世界大势的能力，充其量不过促进已成的趋势，现在连这一点促进的能力都没有了。倘国联于某年月日决定制裁，那必不是因为我们作了什么事，必是因为国联自有其理由。

有了以上这些事实，我们不能不承认中日问题现在已到了一个很严重的新阶段。我们应该认清局势，决定我们的策略。我们至今还未认清中日问题的严重；因为如此，我们在已往的一年多内，还常常想找解决的捷径。这种野梦，我们现在必须放弃，而下决心来作长期的准备。第一，中国自今以后，无论因何原故，假何名义，不可再有内战。第二，中俄复交我们应当看为一个外交的种子，要多费力气来培养它，使它将来能结好好的果子。我们外交的大毛病是在只图收获，不事培植。私人的交情尚须时日，何况邦交？第三，无论国联作何处置，即使有令我们失望的处置，我们绝不可放松它。黎顿报告书岂不是替我们作了无价的宣传？国联大会所通过的报告书岂不是为我们作了联合世界一致对日的预备工作？最低限度，国联不但是我们的代表宣传的好讲坛，且是最有效的宣传工具。倘两个报告书不是出自国联，是出自中国政府，或美国政府，或俄国政府，其效力能有如此之大么？对国联，如同对苏俄，我们不可期望收获太早，我们尚须继续作培植的功夫。第四，我用不着说，我们应十分努力于内政的改良。急进者应拿牺牲于疆场的精神来与衙门中各种恶鬼去奋斗。就是我们暂时丧失了东北，我们的国永远是比伊藤博文的日本大好几倍。事全在人为。

自九一八事件发生以后，我常和外国朋友讲笑话，说：上帝造日本的时候，原只造了一个三等国，日本人擅改为一个一等国；上帝造中国的时候，原造了一个一等国，中国人自改为一个三等国，但是我还信上帝。

总之，目前论中国的内情及国际形势，我们都谈不到收复失地。目前我们的工作唯有在国内造成有收复失地的能力和资格，在国际上造成有收复失地可能的形势。

一九三三年三月十二日

——选自《独立评论》第四十三号（一九三三年三月二十六日北平出版）

九一八——两年以后

一切严重的国难都是国家和民族的试金石。我们若要知道一国人民的知识程度、组织能力、习尚与人生观，我们最好的法子就是看这民族如何处置一个严重的国难。至于政府及军队，更用不着说，在国难之下，其强弱优劣都自然而然的暴露出来了。

九一八就是我们民族这样的一种试金石。

为计划民族的前途计，我们也应该知道我们自己的长短成败，应该知道在文化的过程之中，我们现在已经跑到什么地点，以我们的本质，我们能否跑到最高的目的地。我们现在看看这中华民族，在九一八的试金石之下，表现了什么样的民族性。

先论军队。因为军队所受的试验最深，又因为军队就是民族的缩影。

我们的军队，从器械、组织、训练、精神看起来，就全盘说，简直是一堆大混沌。飞机、汽车、洋车、大车、单轮的人力车，以及骆驼驴马；野炮、机关枪、手榴弹、大刀，以及高射炮，从上古人所用的器械到最近代人所用的器械，无所不有，那一样都不齐备。单就步枪一门说（步枪是兵士作最基本的器械）：我们军队里面有江南制造局的，汉阳兵工厂的，巩县兵工厂的，德州兵工厂的，太原兵工厂的，奉天兵工厂的，以及欧美日本各国来的。同是国产，有些采用德国的式样，有些采用日本的式样，有些采用捷克的式样。同采用一国的式样，有些用四十年以前的模型，有些用最新的模型。若把我们军队里的物质设备各种各样抽一个标本，堆在一处，我们就有个很好的博物院。甲午之役——将近四十年前敌人给我们第一次试金石的时候——我们的军器，就内部的参差不齐说，虽已够乱了，还不及现在的乱杂；就与敌人军器比较说，四十年前，我们与他们相差无几（这是就陆军说，若论海军，我们那时只有过而无不及），现在我们与他们相差太远了。我不是说，我们这四十年来全无进步。进步是有的，不过敌人的进步比我们更快，并且他们的进步是有组织，有计划的；我们的进步是全无次序的。实际近七十年来，日本政府对人民生活的方方面面，不仅军事，一贯的强行统制，而我们则一贯的敷衍迁就，听其自然；偶有提倡，亦是朝令夕改，漫无计划的提倡。

军队的器械如此，其组织和精神亦复如此。有些军队中央要调到前线去的，不受调动，有些又自告奋勇。在前线的兵士，有些见敌则退，甚至于未见敌人就退了的，同时有些军队是敌人的飞机、大炮、坦克所能打死而不能打退的。这两年之内，我们一方面有热河可怜可耻的崩溃，另一方面又有淞沪、喜峰口、冷口、南天门的可敬可悲大奋斗、大牺牲。在九一八的试金石之下，我们知道我们的军队，论组织和训练，虽差得很远，但论本质，论练军的人力原料，我们这个民族并非老大腐化，实在尚能大有作为。比这点还要紧的是这两年来军队意识的变迁。兵士现在知道凡为民族奋斗的，民族必拥护之，甚至崇拜之。在这两年之内，兵士们始知道勇敢和牺牲的无上光荣，始知道当兵的民族意义。因为社会的敬重，兵士从此将自敬自重了。

次论政府。最使我们痛心的是政府事先的毫无准备。我们的外交部，在九一八以前的半年，简直是在那里作梦。我不知道外交当局是为自己的标语所麻醉，还是因为忙于向民众鼓吹，向政府党部作报告而无暇看国际的风云呢？稍有外交常识的人都应该知道取消协定关税和领事裁判权不是中国的大难关：东北问题才是中国的难关。九一八事情发生以来，政府在对外上，大致还不错。诉诸国联，虽只得着道德的胜力，但我相信，这道德的胜力是有无上价值的。并且以中国现在的国势，要得着实体的胜利是万万作不到的。得着了道德的胜利，我们不能不归功于外交当局，尤其是我国历次的出席国联的代表。倘若在十年之内，我们内政的成绩能赶上这两年来外交的成绩，那时候，我们一定看得出道德的胜利的价值。

政府在对内政的成绩却又差些。除最近半年外，政府始终不肯负责任。锦州中立区之未能成立，虽大半由于所谓民众——实在是一般士大夫——的盲目，政府的不肯负责，不敢负责实亦是要紧的原故。政府的要人，在过去这两年之内，明明知道不能不有局部的交涉和妥协，但无人敢说老实话，良心话，无人敢不逢迎民众。不过此中亦有可原者，在九一八事件爆发的时候，南京政府本身就在狂风暴雨之中，一不小心，大势就去了。世人常怪政府的不和不战；殊不知和则政府必被推倒于内，战则政府必被推倒于外。要政府宣布或和或战者，其志并不在和，更不在战，不过欲借和战问题以倒政府而已。一般人民，为感情所冲动，不知此中的作用，遂随声附和，在野领袖既以政客手段对政府，政府亦只好以政客手段回答。

中国政府，在九一八的试金石之下居然不但未被推倒，反而因之巩固。这是天下的大奇事。近百年来，世界各国倘对外有重大的损失如东北四省，其政府无有不被推倒者。大战后，战败各国的革命就是目前的例子。我国则不然：一九三三年九月十八日的政府反比一九三一年九月十八日的政府要比较稳固，此中原故颇难索讨。我想第一是民族意识的进步。我们究竟觉得在此严重国难当中反起内哄实在是不像样子，说不过去。第二是武人的明理。我们文人骂武人已经成了习惯，实在他们的爱国心并不在我们文人之下。并且他们的思想比较简单，大是大非反而容易判断，因之更容易受民族意识的熏染。第三，国民党究竟有充分民众运动的经验。党员既从民众运动出身，他们对付民众运动的手段总比旧官僚要胜一筹，所以历史家常说唯独出身革命者能制服革命。第四，恐怕要算汪精卫先生的处置，在一九三一年的冬天及一九三二年的春天，他肯在严重国难之中出来任事：这一点颇能使人心服。后来对攻击政府者，他回答总是：如有人愿来负责，他就可以走开。这样一来，反对者还能有什么立场？最近这半年来，他的言词更能负责了。人家批评塘沽协定，他居然说，塘沽协定完全由他负责。人家批评妥协，他就说我们现在不配谈报复。在全政界皆“聪明人”的时候，汪先生之不愿作“聪明人”给政府加添了不少的力量。

南京目前算是站住了，但离现代化的政府还甚远呢！政府在这两年之内所暴露的乱七杂八也就够了。行政的效能和廉明并未因国难而加增。步法不整齐，组织不紧密，处处皆可以看得出。前途如何，还要看现在人人所讲的团结和建设究竟能否实现。

至于民众呢？民众在九一八试金石之下所暴露的性质是与军队和政府一样的。论感情、知识、品格，民众也是包古今中外而兼有之，内容是极参差不齐的。在这两年之内，民众极悲哀的牺牲和极滑稽的虚伪，极纯粹爱国的行动而又参以小政客的手段，或极卑鄙之事业而加以爱国的粉饰，我们都一幕一幕的看见了。比之四十年前的甲午之役，今日中国的民众究竟进步多了。在甲午战争的时候，无民众慰劳军队的事情；这一次捐钱的捐东西的，为军队作东西各大城市都有了。上一次，学生只知公车上书，反对和议；这一次除到南京请愿外，尚有造烟幕弹、钢盔，及实际在后方修路，或到前方去作战者。总而言之，民众意识的进步是毫无疑问的。和这点同样要紧的，中国新的知识阶级，从这两年的经验，大大的感觉军事应该知识化、科学化，于是愿以其科学训练及特殊知识贡献于军队者亦日见其加多。

回顾这两年我们对这严重国难的处置，我们若说中国前途定有希望，我们却无把握；若说中国的前途绝无希望，事实又不尽合。我们有奋斗的天能，且有奋斗的机会。这天能是否会继续发展到充分的程度——非到充分的程度不能济事；这机会是否会被我们利用，到充分的程度，这些问题全在我们的手里。

选自《独立评论》第六十八号（一九三三年九月十七日北平出版）

外交与舆论

单靠外交，我们当然不能救国；忽略外交，我们确能误国。近年国人颇能了解这个道理，所以对于外交极为注意。日报及杂志差不多每一期都有讨论文字，专论外交的杂志及译著亦日见其多，大学里面有关外交的课程也设了不少。这都是好现象。因为我国舆论的势力确在长进之中；关于外交，政府当局尤其不敢过于拂逆民意。锦州中立区的失败及中日军事协定不能成立于热河失守以后而成立于平津危在旦夕之际，这都是政府顾忌舆论的证据。既然如此，国人的国际知识愈充足，其议论将更有价值，更有补于国事。倘舆论有势力而无知识的根据，他一定会成一种暴力，这是很危险的。大战以后，欧美人士知道舆论左右外交是不可免的事，于是竭力求舆论的知识化。他们除在学校及期刊上加倍的注意国际关系外，且设立专门的研究机关，如英国的王家国际关系研究所（Royal Institute of International Affairs）及美国的外交协会（Foreign Policy Association）。

我国关于外交的舆论有好几种不健全的现象。在无事的时候，人民是不大注意外交的；一旦有事，舆情总是十分激昂，有如狂风巨涛，以致政府对外紧急的时候反而要费其大部精力来对内。唯因平日不研究，所以到国难的时候才专感情用事。九一八以前，国人的视线，如同外交部的政策，均集中于关税自主权的收回及领判权的取消，而东北问题反而置之度外。倘平日我们有相当的研究，我们就会知道东北问题是我国外交的最难关，不可一日忽略的；我们在恢复关税自主及取消领判权的努力的时候，就应该顾到东北不出乱子。九一八以后，国人反对锦州中立区，反对接受币原所提议的五条，都表现我们平日对于东北问题没有深切的研究，不知道这问题的复杂和严重。

因为我们对于外交的注意是临时抱佛脚的方式，所以我们的知识是片面的、零散的、一知半解的。为日报及杂志撰稿的人，上焉者跑到图书馆里翻翻英美的杂志，东扯西凑，加上一点爱国的情感，下焉者则全靠感情的冲动和笔锋的尖锐。英美杂志上撰稿者有许多就只知时事，不知时事的背景，而我们以更不知背景的人来拾他们的唾余，其结果当然是更不像样子。外交的底蕴不是这样所能得到的。现在每一外交问题往往牵动世界全局，而这全局又是合各国的历史传统、经济状况、地理环境，以及舆情潮流积成的。一隅之见断不能洞察全局。

舆论不健全，无论在哪一国，都是危险的。在中国更加甚。中国国力的薄弱不容我们对外有丝毫的失当；有了，祸患就跟到来了。并且在内部未完成统一以前，党派的竞争常不惜拿外交的问题来作打倒政敌的资料。原来我们就不甚明了国际的形势；加上党派有作用的拨弄是非，我们就更加糊涂了。

中国舆论不健全的责任，大家应负一大部分，因为制造舆论者，尤其是关于外交的舆论，不是大学里面的人，就是曾由大学出身者，我们的大学现在几全在美国及欧西留学生的手里。他们定学制、编课程、领导研究的时候，于有意中无意中受他们教育的支配。譬如历史：我们大学西史的课程总是偏重英美法德而忽略日俄；甚至于在国立的大学里，历史系有绝不设立日本史及俄国史者。有之，课程少，学生亦少。一国的历史就是一国的履历，我们平素交友及办事都知道第一步是打探对方的履历，在国际关系上，也是如此。我们大学的历史系反忽略最与国家兴亡有关的日俄，这是一个不可原宥的罪恶。语言文学亦然；我国的大学以英文为第一外国语或者是出于不得已，但第二外国语何必一定是法文及德文？就中国的环境说，俄文及日文岂不比法文德文更加重要么？我们大学的经济系也偏重英美法德的经济状况及经济思想。除此以外，大学对于外交并没有尽教育责任的计划。各院各系均各自为政，各扫其门前雪。因为外交（或国际关系）不成一系，就无人过问了。其实如所关各系，如外国语文、政治、经济、历史、地理，连合起来，很能附设外交专科，养成一般人才。这是易举的事，所费者多在计划而不在金钱。

其次国内的日报也应负一部分的责任。据我所知，我国大都市的大报及通信社至今还没有常年驻外的访员，它们的国际新闻还是全靠外国的通信社如路透、合众社、哈瓦思、电通，及新联社等。这不是个办法。我们知道此中颇有困难，最要者莫过于经费。我以为大都市的大报，可以把国际新闻搁在营业竞争之上，联合起来组织一个国际通信社。

外交部的责任也是不能脱逃的。我们试问：我们的外交部对国人的外交知识曾有什么贡献？外交部发表了什么有价值的材料？甚至外交部的代表出席各种会议作报告的时候尚不知利用机会作点教育工作。外交部的情报处从来不曾影响国内的舆论。它所供给的材料多半是些官样文章，且多是陈腐的。国人对之或是不注意，或是不信。外交部在平日不能造舆情，遇事则为舆情所压倒；平日不思提倡外交的研究，遇事则叹息国人之不见谅。这是不下种而反求收获，天下没有这样便宜的事。

因为国际情形的复杂，要想多数知识阶级的人——民众更用不着说了——能明了外交，这是根本作不到的。所以关于外交的舆论非有指导不可。我们若想让人人充分发表他的意见，堆积起来就有健全的舆论，这简直是作梦。在国民程度很高的国家如英美法德，外交的舆论尚不能靠自由言论；在中国那更不必说了。伦敦的《泰晤士报》，因为国际新闻的丰富和正确，且因其与政府通声气，对于外交一发言论，不但英人重视之，即外国人亦重视之。关于外交，《泰晤士报》简直是英国舆论界的未冠之王。有这种领袖，然后舆论不至杂七杂八。巴黎的《时报》在法国的舆论界也有同样的地位。欧战以后设立的专门研究外交的机关就是指导舆论的好方法。美国的外交协会及英国的国际关系研究所均是舆论的好指导者。这两个机关的出版品都在舆论界有权威，就是不赞成的人也不能不加以注意。

中国现在的舆论，在外交方面，既有相当的势力；国民的程度在短期内既万不能提高到能了解国际的形势，我们更加须有指导者。指导的方法不外两种，一种是创造一个中心报纸，一种是设立专门研究机关。第一个方法在中国很难实行。日报大受交通的限制，所以面积较大的国家不能有中心报纸。且中心报纸的地位是历史的产物，非短期内政治的力量或金钱所能凭空造的。所以我们不能不采用第二种方法，靠一个研究所来作指导者。此举的成功亦有其条件。第一，研究所必须是一个纯粹学术机关，绝对的站在超然的地位，倘研究所带了丝毫党派的色彩就不能得社会的信用，且其研究成绩必为党派意见所蒙蔽。第二，研究所的人员必在学术界已有相当的地位，在一种学术上确实受过科学的训练，对外交的研究确实有学术的兴趣。第三，研究所应顾到日俄英美法德各方面，且不可专重与中国直接有关的问题。

倘大学、日报、外交部能各尽其责，又有一个专门研究外交的机关作全国的指导者，我相信国内的舆论必能日见健全。

——选自《独立评论》第七十号（一九三三年十月一日北平出版）

帝国主义与常识（节选）

我们中国的文人——知识阶级——素重文字而轻事实，多特识而少常识。所以我们好讲主义，易受主义宣传的麻醉。自国民党出师北伐到九一八，全国布满打倒帝国主义，取消不平等条约的标语。当时我们把一切国计民生的困难都归罪于帝国主义者，把外人的一言一动都看为帝国主义的。于是帝国主义就成了资本主义的别名，好像世界一日有资本主义就一定会有帝国主义，资本主义的末日就是帝国主义的末日，现在还有人拿这种论调来博民众的欢心。

帝国主义究竟是什么，学者的意见很不一致，所有的界说多少带点主观的成见，我们虽谈了多年的帝国主义，连这问题的复杂我们尚未看出来。尤英之统治印度，法兰西之统治安南，日本之统治高丽：这都是帝国主义的表现。关于这一点，意见大概是一致的。不过印度、安南、高丽究竟是独立好呢，还是继续受外人的统治好呢；印度、安南、高丽一般的人民的日常生活，自受外族统治以后，是日趋于穷苦呢，还是日趋于富于乐呢，关于这些问题，现在不能有客观的，科学的答复。换句话说，就是我们承认某种现象是帝国主义的，其善恶利害还是有问题。我们拿什么标准来评断帝国主义的善恶呢？有些人说，不问其成绩如何，外族的统治都是恶的。因为统治本身是民族生活最基本的一部分，剥夺一个民族的统治权就是剥夺它的生活的一部分。并且一切的统治都是为统治者谋利益，不是为被治者谋利益。还有些人说，治权本身没有什么大不了的，左右施治权者是少数，受治者是多数。从多数看起来，统治者是甲是乙，是本族或是外族，是不关紧要的；关紧要的是统治的成绩，如社会的或治或乱，及经济的或穷或富，依这个看法，我们就可以请人民投票来定帝国主义的罪恶。譬如印度：我们是否可以拿印度全国人民的票决来定英国统治印度的好坏？英国人必说：现在的印度人既不知未受英人统治以前的病苦，又不能预料独立以后的艰难，且因受了独立党多年宣传的影响只知感情用事，所以票决不足为凭。此说虽似强辩，然不无根据，中国人大概是反对中国作印度第二的，但是有不少的中国人，丝毫未受英人的逼迫，自动搬到各地英租界去住，甘心的脱离本族一部分的统治而接受英人的统治，这不是民众意志很好的一个表示，表示英人的帝国主义是善的么？

以当时当地的被统治者的立场来评帝国主义的善恶已经是件不容易的事。这是上文所要说明的。不过除了这个立场以外，我们还须注意历史的及宇宙的利害关系，中华民国，五族共和的中华民国，北自蒙古、南到两粤、东起鲁东、西抵帕米尔的大中华民国，也是帝国主义的产物。从历史的及宇宙的眼光看来，这个产物是人类之福呢，还是人类之祸呢？究竟亚东成为一个中华民国好呢？还是分为无数的戎国、狄国、苗国、楚国、越国、蒙古国、西藏国好呢？如果我们承认成为一国是较好，那末，我们祖先对戎狄苗越所行的帝国主义是有功于历史的。现在世界上所有的国家都是帝国主义的产物，都是由于一个中心民族兼并其他无数民族而成的。大英帝国不消说了，就是不列颠岛之成为一个政治单位也是帝国主义的产物。苏俄——东到太平洋、西到波兰、北至白海、南抵黑海的苏俄——很明显的是列宁的祖先，费了千数百年的努力，并吞了无数民族，然后成立的，过程中所有的惨无人道的战争是史籍斑斑可考的。我们听见过苏俄反帝国主义的宣传，我们没有听说过苏俄要放弃西比利亚、中央亚细亚，及黑海以北的土地。

我们在上文内仅仅讨论最明显的帝国主义，就是以一族而统治他族。我们的结论是：这无疑的是帝国主义，而善恶利害还须待考，但是帝国主义不仅有一种方式。因为政治及武力的侵略不一定要到统治的程度然后算得帝国主义，日本虽说“满洲国”是独立国——其独立的最好表现就是日本承认其有与日本立约的权利——我们不能不说日本对中国及“满洲国”所行的是帝国主义。关于这一点，我想国人是无异议的。若然，苏俄在外蒙古所行的也是帝国主义，此中不同的就是东北的人几全是汉人，外蒙古的人几全是蒙古人，所以我们若要原谅苏俄的话，我们可以说：东北问题是日本帝国主义和中华民族主义的冲突，外蒙古问题是苏俄帝国主义和“中华帝国主义”的冲突。至于苏俄在外蒙古所行的是帝国主义这是毫无疑问的，因为外蒙古原来是在中国的政治经济单位之内，经苏俄的努力，现在已经圈在苏俄的政治经济单位之内去了。

比日本在东北及苏俄在外蒙的帝国主义还要隐微一点的是英国在波斯及埃及，美国在喀利平群岛及中美小国的帝国主义。普通的时候，这些国家有政治自由；到非常的时候，英美必出而干涉。更次的要算美国在南美各国的势力。最次的就是列强彼此间的压力，华府会议的时候，英美联合逼迫日本承认五与三的海军比较。日本人说，这是英美的帝国主义，日俄战争的时候，德国趁机逼俄国订立有利于德的商约。俄人也说，这是德国的帝国主义。列强所加于弱小民族者未尝不想彼此相加，但是在普通的时候因为势力均衡无能为力而已。一旦均衡动摇，强国对强国亦能加以压迫和侵略，亦能行帝国主义。战后德国所受的痛苦并不亚于中国近年所受的痛苦，在这个世界立国，国都是洪水，同时又是堤防，究竟是甲国向乙国泛流，还是乙国向甲国冲洗，要看甲乙双方水势大小的比例及堤工高低坚弱的比例。谁是帝国主义者，谁是压迫和侵略者，实无永久固定的形势。

除了政治及武力侵略以外，现代还有所谓经济侵略、文化侵略，及主义侵略。我们受过近几年的宣传的人都以为这些现象是极明显而简单的帝国主义，其实这些现象都是极复杂的，我们先就经济的侵略说。外人在中国的投资是侵略吗？是帝国主义吗？若说是，那末欧战以前，法国在俄国所投的资本比法国在中国或安南所投的还多，岂不是法国对俄比对安南还更行帝国主义么？彼时英国在美国所投的资本反过于在中国所投的资本，那就证明英国对美国是行更厉害的帝国主义么？若说国外投资不是帝国主义，我们知道这种投资往往使受资的国家变为投资国的政治的及经济的附庸，收买别国的原料来发展工业是帝国主义么？若说是，那末美国收买日本的生丝，日本收买美国的棉花是美日相对的行帝国主义；日本现在决定不买印度的棉花是日本对印度放弃帝国主义；俄国现在努力推销石油于国外是斯塔林甘心作帝国主义的牺牲品。若说原料与帝国主义无关系，我们知道原料的寻求往往引起国际的冲突，一弱国而有大宗原料往往诱进外人的侵略，如中国、波斯，及战前的土耳其。在别国占商场是帝国主义么？若说是，那末因为战前俄国是德国的一个好商场——彼时德国卖给俄国的制造品比卖给中国的还多——德国就是对俄国行帝国主义？现在英美之间的制造品的交换很多，这就是英美相对行帝国主义么？若说不是，我们又知道工业发达的国家非在海外找商场不能度日，并且这些国家的外交及军备许多是以维持或夺取国外商场为目的。总结以上所说的，我们可说，国外投资的机会，国外原料的获得，及国外商场的谋取可以成为帝国主义，也可以不必成为帝国主义。

在中国讲帝国主义的人，尤其偏信唯物史观者，以为投资、原料，及商场是帝国主义的唯一的动机。我相信这三者是近代帝国主义很要紧的动机，不过我以为这三者不必一定要采取帝国主义的方式。这是上文要说明的。不然，一切的国际的经济交换都是帝国主义的了。我更不相信，除此三者之外，别无帝国主义的动机。满人之灭明而建大清帝国不是帝国主义吗？十七世纪的满人有什么资本可投，有什么工业要在中国找原料和商场？通通都没有。蒙古人之灭宋而建元朝也是这样的。照我们所知道的，自古石器时代到现在，没有一个时代、一个民族、一种经济制度，没有行过，或试行过帝国主义。人类的起始就是帝国主义的起始。生物学家或者还能更进一步的说：生物的起始就是帝国主义的起始。至于说，资本主义的末日就是帝国主义的末日，我也不相信。现在世界上的一个大冲突就是有些国家有过剩的土地而不许外族移民，如加拿大、澳大利亚，及美国。在这些国家最反对日本人及中国人移入者，不是资本家，反是当地的劳工。苏俄现在不是资本主义的国家，他愿将其富源供给于全世界吗？倘中国的国际贸易，也如俄国一样，由国家经营，中苏之间就不会有冲突吗？照我看来，人类的末日才是帝国主义末日。

至于文化主义的侵略，我们也须分清，那是有作用的侵略，那是自然的交换与仿效。如果英美法德人士捐钱到中国来传教是帝国主义，那么苏俄供钱给第三国际在中国来宣传更是帝国主义。如果外人到中国来设立学校是文化侵略，那末中国人到外国去求学的都是文化的汉奸。在现今世界，那一国都多少作点宣传的工作。日本现正预备派人到美国去加劲宣传。英人在美国，美人在法国，法人在意大利，意人在德国，都正进行宣传。谁是帝国主义者，谁不是帝国主义者，颇不容易分别。

一切的有作为的、向上的民族都在那里求自己的政治、经济文化势力的膨胀。古代如此，现在亦如此。倘甲的势力膨胀与乙的相等，如日美、日俄、英美、法德等国之间，甲乙的关系就是平等的，通常的国际关系，我们不说甲乙之间有帝国主义存在。万一甲的势力膨胀过于乙的，如列强与中国之间，那末帝国主义自然而然的就来了。这是一种天然现象，无所谓善恶。如要谈善恶和责任，那末强者与弱者是同等的须负责。我们只能求我们的膨胀能与外来的膨胀抗衡，不能求外来的膨胀的取消。取消或限制任何民族的膨胀就是取消或限制它的生活。这是根本不可能的。不求自己的膨胀，而徒怨天尤人，咒骂彼帝国主义者，这是自暴自弃，更加招人的鄙视和压迫。

我所讲的不是什么哲学或历史观，就是最普通的常识。我们这个民族到了这风雨飘摇之中，最可怕的，是在未得到特识前，就放弃自己固有的常识。

——选自《独立评论》第七十一号（一九三三年十月八日北平出版）

国际现势的分析

去年七月中，我在本刊发表一篇时论，题目是《国际的风云和我们的准备》。我彼时说过：民国二十二年——一九三三年——是国际关系史上的一个大分水界。这一年之内，国际的三大事业都失败了：国联处置中日问题失败了，裁军会议失败了，伦敦世界经济会议也要告失败了。这三大事业的失败就是欧战以来国际主义的破产，和偏狭的、军备竞争的、商战的国家主义的胜利。人类的前途是不可乐观的。

过了半年以后，这种趋势更加显明了。我们现在看的很清楚：一九三三年的前半是国际主义最后的努力，后半是国家主义火速的膨胀。我们若具体的研究现今的国际形势，我们更能了解其严重性。

战后的世界是以两个条约为其根本宪章的：一个是维尔塞条约，一个是华府会议的九国公约。根据前一个公约，列强分派了西洋的权利；根据后一个，列强分派了东洋的权利。这种分派的方法大致是维持订约时候的实状，而彼时的实状利于战胜的国家，或列强中先进的国家。所谓先进的国家，就是近五百年，在欧洲瓜分他洲的过程中，占优势的国家，那就是英、俄、法、美四大帝国。上次的大战的根本原因可说是一个后起的帝国——德意志——图谋强迫与这四个先进的帝国分肥。不幸，在上次的大战中，这个后起的帝国战败了，结果战后权利的新分派更不利于德国。她的海外殖民地全被剥夺；在欧洲，土地丧失也不少，并且因为波兰及捷克斯拉夫诸国的成立，德国在欧洲的外交及军事地位远不如战前。换句话说，德国因谋一个世界的更优地位致其在欧洲的地位降低。于此我们尤应注意的是德国失败的原由。这个原由，无疑的，是与英国作敌。英德未成仇雠之先，德国外交是时常优胜的。倘若在上次大战中，英国不加入，德国无疑的可以战胜法俄。英德的冲突并不在欧洲大陆，全在海外，所以这冲突的结晶成为海军竞争，德国为维持在大陆的权利无须海军：她在战前竟与英国争海权，那就是因为她企图世界强权。在近代史上，所有海权的竞争就是世界强权的竞争：扩充海权的国家都是争世界强权的国家。此外还有一点我们应该注意：先进的帝国虽彼此之间利害冲突甚多，倘若后起的帝国野心太大，致先进的帝国都受危害，那末先进的帝国必彼此妥协，合纵以对付这后起者。战前英法俄的联络就出于这种动机。所以上次的大战根本是先进国与后起国的冲突。结果先进国胜了：于是她们战前优胜的地位更加优胜。她们当然是心满意足，组织一个国联，来给现状一种法律的、精神的、道德的保障。国联盟约、洛迦罗条约、非战公约，及裁军运动都在维持现状的大前提之下产生的，都是这些先进而胜利的国家维持现状最便宜、最经济的方法。所谓战后的国际主义就是这么一回事，所谓国际主义的破产，就是这些方法的不适用。先进而胜利的国家又须把战前的军备竞争及外交纵横那一套拿出来。

远东的问题，表面上看起来，似乎特别，实际是与欧洲的问题大同小异的。九国公约也是一个维持现状的条约，日本也是一个后起的帝国。所特异者，这个后起的帝国在上次的大战中是与先进国为伍的。在欧战期中及在战后分赃之际，她算是占了光。赤道以北的德属太平洋的岛屿，国联委托了给她去统治：这是日本在太平洋海权的长进。日本在欧战期中在中国所得的权利，山东除外，列强也未追究：这是日本在大陆上的长进。但是九国公约此外则加了严厉的限制：对中国，日本必须尊重主权的独立，领土及行政的完整；对其他列强，日本必须尊重通商的和投资的均等机会。条约上虽分两方面，实际除非中国有领土及行政的完整，列强是得不到均等机会。这个九国公约与华府的海军条约是连成一片的。九国公约订定了现状的维持，于是各国缩减海军以缩减维持现状的费用。列强在战后处置远东问题的精神与处置欧洲问题的精神如出一辙。在远东，这些先进国也是图谋一个最经济的方法来维持有利于己的现状。九一八以后，日本的行动也是使这方法不适用，迫着先进国利用战前的旧方法，于是有法俄的联欢、美俄的恢复邦交，及美国的新海军建设计划。

自九一八以来，我们所看见的，所痛恨的是东北的丧失。在世界先进帝国眼里，这个问题不是个东北问题，是个世界权利旧分派的推翻和新分派的成立问题。东北本身虽关重要，但至少英美法意四国在东北既无大宗商业和投资，并且就是日本没有九一八的举动，她们也是没有经济发展的希望的。她们所以关心的一则因为远东的现状不能维持，欧洲的现状也是不能维持，因为维持现状的条约，如国联盟约及非战公约，是双方公用的；二则因为东北是日本向先进国进攻的一步，也是进攻第二步的好资料。中日问题的严重，全在乎这个世界性。

前途的发展全在日本是否要即时举行第二步。换句话说，日本外交家此后是否将取守势或攻势是第二次大战的主要关键。如果日本表明她是为东北本身而占领东北，她现在既得了东北所以就心满意足，那末，第二次大战未必爆发。如果日本自己要给东北问题更大的世界性，那末，大战是必会在短期内——一二年爆发的。日本的外交现在究竟是取守势呢，还是取攻势呢？

广田的真正政策，我们很难知道。我们如果设身处地，专凭理智来计日本的利害，我想他必采守势的外交，正如毕士麦得了亚罗二州以后，始终只守不攻。因为他一采守势，其他国家就无可如何了。第一，美国政府现在对任何方面都不能行攻势的外交。美国人民对东北本身没有多大兴趣。民间反战的空气一向是十分浓厚的。现在美国朝野正在那里图经济复兴，纵使政府要向日本进攻，美国的舆论和军备均不容许。美国现在虽扩充海军，但以条约为限度，而这条约的海军是守的海军，不是攻的海军。第二，苏俄与日本的关系极紧张，但苏俄目前所患者是日本的进攻，不是日本的保守已得权利。苏俄至今仍愿与日本订互不侵犯条约：苏俄最近又声明仍愿出售中东路。“满洲国”的成立虽不利于苏俄，但直到现在苏俄毫无以武力推翻“满洲国”的形势。为苏俄计，国内工业化的长进是当前的急务。美俄复交当然是针对远东问题的，但复交以外，美国政府不能有协助苏俄任何秘密条约或了解。美俄两国既不愿进攻，他国更不必说了。在这种状况之下，广田若采守势的外交，那是很自然的。中东路出售的交涉，他力图进行。对英美的和缓，他简直不遗余力。他每次的正式表示都把日本皇帝退出国联的诏书抬出来。那篇诏书的主旨在于日本虽退出国联，日本为维持世界的和平，仍愿尽其责任。

但是日本近半年的外交是很矛盾的。第一，广田这次在国会的演辞，不但声明“满洲国”必须维持，并明言华北的治安与日本有关，华北的局面若有变动，日本必出而干涉，对于中国共党之发展，他也预留干涉的权力。无形之中，这个干涉权的保留岂不是日本的门罗主义的宣布？这是攻势的外交：这表示日本不是单为东北本身而占领东北，是要拿东北来控制全中国。这种野心之大超过战前德国任何发展计划。这是国际形势所不许的，最可注意的不仅是这一篇演词，还是日本的基本形势。日本得了东北以后，国防问题、移民问题、原料问题算是解决了大部份，但是商场问题仍未解决。在现今世界经济竞争的形势之下，中国的商场是日本工业前途最可靠的商场。在未得到保障以前，日本的国策仍不能贯彻。所以对于关内的中国，日本是不能放手的。第二，倘若日本是采守势的外交，溥仪不应在这时候称帝。至于说溥仪称帝是表示“满洲国”实在的独立，这只能骗小孩，不能骗明眼的外交家。高丽虽曾有一个几百年的王朝仍不免于亡国，何况这个日本一手造的“满洲国”的王位？溥仪称帝只能有一个作用，那就是吸收蒙古人的人心。这又是攻势的外交。第三，日本人似乎已把海军平等作为日本的国策。这个海权问题更直接与世界强权相关。日本竟欲一跃而跻与英美平等的地位。东北问题，英美或可通融，因为它还勉强可作为一个区域问题看。海军平等问题绝无区域性质，绝不是英美所可通融的。日本人因占领东北所引起的恐慌尚以为不足，反要在此以上，加海军平等企图更大的恐慌：这是先进国所能容忍的吗？与这海权有关系的，有赤道以北的海岛问题。到了一九三五年，日本与国联完全脱离关系的时候，如日本一面要求海军平等，一面又要求保留太平洋的任委统治的海岛，这问题就更加严重了。同时从日本立场看，这个海权竞争也是不能放弃的。没有充分的海权，亚洲的门罗主义是不能成立的，日本在南洋及印度的商业也是无保障的。

总而言之，日本现在所企图的是世界权利的新分派。她这个企图危害一切先进国的权利，战争因此是不能避免的，但是广田若在目前采取守势的外交，换句话说，把日本的企图分为几段落来实现，目前的战争是可避免的，因为目前这些先进国，除非不得已，皆不愿战。我们能得的安宁，不过是短期的苟安。但是我们如何利用这短期的苟安，那确与我民族的命运有莫大的关系。

——选自《独立评论》第八十八号（一九三四年二月四日北平出版）

论“日本和平”

在上古的时候，罗马人创造了一个包括全西洋所认为文明世界的帝国。在此帝国之内的种族，赖帝国的威力和开明政治，享受了三百余年的和平及富庶。这个状况就是史家所谓“罗马和平”（Pax Romana）。内幕虽有不少的黑暗和残缺，外表总算是西洋上古的黄金时代。

自罗马帝国崩溃以后，西洋至今没有见过大一统的局面，因此也没有享受过长期的和平。所有的和平都是武装的和平，都是循环战内的暂时休战。像罗马那样包括全文明世界的帝国曾无第二次的出现，但是，自十五世纪末年西洋各国向海外发展起，世界的局面产生了两种新现象。一种是东西的合化为一，成整个的世界政治舞台；另一种是数大帝国的并存，如英、俄、美。这两种政治现象都是人类史上未曾有过的，都是当代政治的基本事实。在这个局面之下，世界大和平虽是不少人士的理想和企图，直到现在仍只是理想和企图。不过在各个帝国之内，区域之间及民族之间曾得着和平，且因此和平及近代科学之赐，享受过空前的富庶。英国人对维多利亚时代的大英帝国也贡献过所谓“不列颠和平”（Pax Britannica）：英人现在努力的目标就是这个伟业的维持和发扬。不列颠和平的内幕虽也有不少的黑暗和残缺，英人在人类史上占了这样光荣的一页，总算不愧为一个伟大的民族了。

美国也可说有她的“美利坚和平”（Pax Americana），但是其性质与“罗马和平”或“不列颠和平”的性质不同。美国在其和平范围之内并不施行统治权，如英国在印度那样；美国与中美南美的国家也没有宪法和民族的关联，如英国与其自治领那样。美利坚和平虽也建在政治势力之上，虽也有人称她为美利坚帝国，且其缔造虽也利用过不少的横暴，美国人对其和平范围内的国家所加之压力自起始就比较的有限，而且是逐渐减少的，但其对外力的侵略是始终一贯绝不容许的。最近美国竟许菲律宾群岛独立，足证美国人对于异族统治权是不留恋的。美国当局近年在增进与南美各国的友谊之工作，可说是不遗余力。现在孟罗主义的性质几乎全变了：保障美洲安全及和平已从美国单独的责任变为全美洲各国的共同责任。从一方面看起来，美利坚和平好像一种未成熟的帝国主义；从另一方面看，美利坚和平实是一种超成熟的帝国主义。因为美利坚和平既能供给美国充分的经济机会——至少不在其他方式的和平之下——同时美国又能避免与近代的民族国家主义敌对。或者我们可以说，美利坚和平是适合于二十世纪的帝国主义，是美国人对于近代政治的一种贡献。

现在苏俄也在那里建设一种“苏俄和平”（Pax Sovietica）。这个庞大的苏维埃联邦，论面积，仅小于大英帝国，而大于罗马帝国或美国；论所包括的民族之多，尚过于大英帝国。苏俄虽完全否认了帝俄的债务，但她没有放弃许多帝俄的土地遗产。苏俄和平也是建在政治势力之上，苏俄集团也是现今世界政治的主力之一。我们不要看错了：苏俄的宪法尽管替各入联的单位保留了退联的权利，实际这权利是不存在的。倘若外蒙古共和国或乌苦连（Ukraine）共和国明天要独立，苏俄绝对不会容许：为维持她的整体，虽诉诸武力，苏俄也是不会顾惜的。虽然，苏俄和平的制度也有其特色。在这和平范围以内的异族有充分文化的自决。苏俄不但不要这些异族与俄罗斯族同化，反鼓励它们保存和发扬它们固有的文化。原无文学的，苏俄替它们造了固有的文学！苏俄革命的彻底莫过于放弃，完全放弃帝俄的俄罗斯化（Russification）政策。第二，苏俄决不许一区域或一民族榨取其集团之内的其他区域或民族。苏俄的经济政策是要其和平之内的各区域各民族各就其物产所宜而求均衡的发展。在这种制度之下，绝不能发生如英伦与印度那样贫富悬殊。因为有这两种特别，苏俄的团结一天坚固一天，苏俄和平也就成为当代基本事实，且是苏俄号召天下的好资料。

自九一八以来，日本早已说过，屡次说过，日本是东亚和平唯一的保障者。日本所作的事，无论是强占东北四省也罢，制造伪国也罢，淞沪之战也罢，长城以内的侵略也罢，退出国联也罢。日本自己说，都是以稳定东亚局面为目的。四月十七日外务省的声明就是这线发展的结晶，也就是“日本和平”（Pax Japonica）向全世界的公开宣布。那个声明清清楚楚的说过：

单独进行维持东亚之和平与秩序，乃日本之使命，日本对此使命有决行之决心。

毫无疑问的，这个“日本和平”树立是当代日本的国策。如果现在还有人关于这一点尚有疑问，那真是有目不见、有耳不闻了。日本自四月十七以后对我们，对英国、美国、法国的言论，并没有否认这个国策，只加上了解释，以图避免日人所谓别人的误会。在另一方面，日人近来的言论，对于这国策本身，更加强调化了。

国人近来讨论四月十七的声明者好像还没有充分注意日人事后的解释。我们自然把这些当作外交官话看。胡适之先生在上一期的“独立”就是这样的断定。他说：

但是这些话都是官话，都是外交官的口头禅。美国不会相信，英国也不会相信，我们中国人更不能相信。

他又问：“当日若槻内阁的许多正式声明，有何效力？”但是无论这些解释是真是假，无论我们相信不相信，这些解释是极重要的。第一，日本对各国的解释是一种备案，是将来外交出发点之一，日本固可自相矛盾，到了时候又可置这些解释于不顾，但别的国家可以不忘记，可以拿这些解释来难为日本，质问日本。别的国家有了这些解释，就更多了一层理由，添了一个把柄。从外交策略上说，我们或者要相信这些解释。第二，我们从这些解释可以知道这“日本和平”的性质，至少是日本官方所宣布的性质。在上文已经指出好几种的和平方式。“日本和平”到底是个甚么东西，这是我国前途的大问题，我们岂可不研究？第三，这些解释已由英国认为满意，美国亦说四月十七声明之事已告结束，且望赫尔与广田换文的友好精神能继续存在。所以这些解释已得国际的承认或默认。

根据四月十七的声明及以后的解释，“日本和平”是个甚么东西呢？第一，我们可以断定，“日本和平”不容西洋各国在中国“开设定势力范围，国际管理或瓜分之端”。这是十七日声明的原文。换句话说，日本不许西洋在东亚树立政治势力。这点很像美国的孟罗主义。第二，日本认这个东亚孟罗主义不违反九国公约，日本且声明无意违反九国公约，在“满洲国”成立的时候，日本实已违反了九国公约，因为日本已破坏了中国领土的完整。日本这时还提那个条约，其意不外在关内的中国，日本愿尊重中国领土的完整、政治的独立，及列国在华均等的机会。第三，“中国之保全、统一，乃至国内秩序之恢复，自东亚和平见地观察，固日本最所切望者。”这是十七日的原文。事后日本对我国的解释更加明显：日本希望我们能够统一，也希望我们与她共分维持东亚和平的责任。第四，中国不得利用他国以排斥日本。以上四点可说是日本和平的方案。在四月十七的声明书内，日本所注重的是第一与第四两点：在以后的解释，日本又把第二与第四两点略加注意些。声明书与解释实在只有轻重之不同。声明书发表之后，因为它对第一及第四两点措词那么严重，世人就未注意第二及第三两点。现在国际风波似稍微平靖，因为以后的解释稍为平衡。

这个方案能实行吗？在我们这方面，倘若日本关于第三点是出于至诚，那我们无反对之必要。因为我们现在的急需莫过于统一。统一，依我看来，是我们解决一切问题的初步。没有统一，不但谈不到收复失地，连关内的建设亦谈不到。有了统一，就是没有外助，我们的建设就能一日千里。我们试想倘若民国以来的内战经费都搁在建设上，其成绩岂不大可观么？虽然，日本关于这点的诚心是大有疑问的。以往她对于我们统一的破坏给了我们太深的印象。除非日本在三四年内能给我们无疑的证据，我们是不能相信的。同时在日本那方面，她又怎能相信我们是为中国自己的福利而求统一及建设，不是为排日呢？这个方案的实现须有极大的互信，而这互信正是双方所缺的。同时在日本与西洋各国之间，这方案也有不少的困难。日本虽说“准各国各别与中国自经济上贸易上进行交涉，事实上虽为对华援助，但在不妨碍东亚和平维持范围以内，日本亦无对此实行干涉之必要”，但什么是妨碍东亚和平？谁有权能决定这点？美国已声明她不能接受日本的决定。中国也已声明不能接受日本的决定。如接受了，中国就会变为日本的保护国。这是中国舆情及国际形势所不许的。

好在日本国策的实行有无困难，不久就可以揭晓。一方面有吉回华之后，我们就可以知道日本所希望我们的究竟是什么。同时，国联开会讨论技术合作的时候，我们就可以知道，日本将反对中国的建设到何等程度，列国将顾全日本的立场到什么程度。有了这些答案，然后我们可以明了“日本和平”的真正性质。在此以前，我们不能决定一个对策。

——选自《独立评论》第一〇〇号（一九三四年五月十三日北平出版）

第四辑

经过“满洲国”

——欧游随笔之一

现在的旅行者谁不想到苏联去看个究竟？近十几年来关于苏俄的情形，我读了不少，听了也不少。誉之者说苏联是天堂的临世，毁之者说苏联是疯子造的活地狱。数月以前，我遇着一个新从苏俄来北京的美国教授。我告诉他，我准备到苏联去，他说：“好极了。现在只有苏俄值得一看。别国，连美国在内，都是束手无策。唯独苏俄一往直前。并且在苏俄旅行毫无困难。”不久，我偶与北平某使馆人员快要归国者谈话，我问他是否将取道西比利亚。他说：“我不走过苏联。我不愿在途中饿死，或被蚊子臭虫咬死，我的行李，我也不要被小偷窃去了。我何不走海道舒舒服服的回家呢？”这个人，我以为是有成见。不过临行之前，我买到一部新出版的《旅俄须知》。著者的口气是袒苏联的，他著书的目的是要劝人到苏联去的，确是他的写法颇使旅行者为难。他说旅行者必须带蚊帐、臭虫药；必须谨防扒手；牙粉，胰子要多带些；纸笔也不可不带。这样说来，到苏联去简直比到中央亚细亚还要难些。

我因为这次出国是要去找欧洲各国所藏有关中国的史料，不能不到苏俄去。无论怎样困难，去是要去的。这个大前提决定了，走那条路颇费斟酌。中苏两国是邻邦，而且疆界相连的几及万里，但是两国之间的交通尚有困难。若乘船过苏尼士运河，不但费钱费时，而且须经过好几个第三国家。若走旱路，最直接的莫过于坐欧亚航空公司的飞机，经新疆，中央亚细亚；可是新疆地方当局，抱定闭关割据主义，不许通航得以实现。许多的朋友劝我取道海参崴。不过这也有困难。第一，怎样到海参崴？从天津到海参崴，并没有直航的船。从上海到海参崴虽有船往来，但是航行无定期，且都是装货的船。只有先到日本，再从日本坐船到海参崴：这样，岂不是绕了一个大圈子。第二，从海参崴，坐乌苏里铁路及阿穆尔铁路也费时间。第三，人们所以不愿走东北的原故之一是精神的不愉快，但是海参崴、乌苏里、阿穆尔（即黑龙江）岂不也是失地？想来想去，我终决定出山海关，取道哈尔滨，满洲里。这是无办法中的一个办法。决定虽是这样决定了，经过“满洲国”的困难那能使我欣然就道呢？

我是八月十六晚间在北平动身的。因为无同伴，我更加感觉不高兴。十七清早车到了山海关。我的心跳上跳下，如临大敌一样，不知日本浪人军警要玩什么把戏。殊不知下了车以后，第一件事不是别的，而是在同一个站上等“奉山路”的特别快。直等了三个钟头，谁也没有来理会我。我只好看别人往往来来。山海关这个地方是最奇怪的。车站虽是北宁路的车站，站上的军警及海关职员，除非细加考察，很难分别他们的国籍。车刚到站的时候，站上有一排兵，我当初以为他们是“满洲国”兵。但是排长发号令的时候，用的是日文，我就把他们当作日本兵。后来我又想起：或者由日本人用日文发号是“满洲国”的国粹，这些兵仍是“满洲国”的兵。至于旅客：那些坐三等车，背着包袱，牵着小孩，有老婆跟着，不敢左右顾视的，当然是我们贵国人。坐头二等的，有些很难分别。像我那样穿西洋衣服，说湖南话，一班脚夫总疑我是东洋老。

在站上，忍不住，与日本国际观光社的一个社员交谈起来。这人倒很聪明：一见面他就认定我是中国人，且是一个受过盎格鲁撒克逊教育的中国人，因为他开口就向我说英文，其实他的北京话比我的还好。他很客气的领导我到一个小钱铺去换钱。这就是我的消遣。“满洲国”的副币轻便整齐极了。我作了一个点历史考据的工作，发现了两个极关紧要的事实：一个是“满洲国”居然自称为“大满洲国”；另一个是在“康德元年”以前居然有“大同三年”。“大同”这两个字文又引起了许多的感想：戊戌政变家的康有为好讲大同，孙中山先生有时候也讲大同；现在郑孝胥又这样的实行大同起来了！大同究竟是大同，还是大不同呢？

十点钟检查行李。检查者是哪一国人，我始终没法断定。检查倒很合理：不过严，也不过于随便。同时我看见一个三等旅客带着一个旧式皮箱，外加木架，架板是无数绳子缚住的。难怪检查者要疑心他。箱子打开以后，检查者要这位旅客把衣服一件一件拿出来，摇一摇，摆一摆，如北平前门外或天津估衣街卖旧衣的那样。检查的时候，旁边站着一个荷枪的兵士，威风凛凛，大有要吞人的样子。许多脚夫闲人围着看把戏，商女不知亡国恨：不知商女者又何其多也！

十点半，我上了“奉山路”的特别快。在上车以前，没有人问我要看护照。

上了车以后，前面所讲的那位荷枪兵士不久也上来了，他问我到哪里去，我说到欧洲去。大概我的“欧洲”是十足湖南土音的。我说了三遍，他还没有懂。他很气，我也很气。于是我从口袋里拿出名片及北平日本使馆给我的介绍信给他看。他看了，不再问就下车去了。

这样的，我算出了关，进了“满洲国”。现在且谈这个“奉山路”的特别快。最后一辆是头等，头等以前是二等，二等以前是饭车，饭车以前是什么，我没有去看。饭车及头等二等的式样完全与南满路相同，而其精致反过之。尤其是那辆头等车，一半是坐车，一半是客厅，最后是观望台；其装饰之巧美，只有日本人能作得出。这辆车子之新，新过“满洲国”。日人好美而尚武；我们好美者倘雅，而雅者多半有痨病：这是什么缘故呢？车开了不久，侍役在各客人前搁了双拖鞋。同车者仅四位日本客人，两文两武。文武同时脱下皮鞋，套上拖鞋。我也跟着他们在“奉山路”过日本生活了。

辽西没有特别风景，乡间的状况一如关内，各处都满布太平景象。我看不出什么“王道”：挑担者挑担，赶火车者赶火车，一概仍旧。沿途的站上，兵稍微多一点；沙袋、铁丝网、碉堡似乎也比往日多一点。不过这些只使人们想起霸道。车到锦州的时候，一位高级日本军官上车。站上排满了送行的人们：军官居首，次是兵士，再次是成年平民，再后是儿童。车开的时候，行军礼的行军礼，弯腰的弯腰。我不知怎样忽然想起法国一七九一年的宪法。那个宪法把国民分为两种，积极的或动的国民（Active citizen）及消极的或静的国民（Passive citizen）；静的国民有人权而无民权；唯独动的国民有人权，亦有民权。当时法国革命的激烈分子批评这个宪法为反动。我觉得国民有动静之分是彰明昭著的事实，与是非毫无关系。锦州站上的送行列队表示日本人，不分男女老幼文武，都是动的国民。我们的人口虽六倍于日本，恐怕我们之中动的国民之总数还不及日本。

下午七点多钟，车到沈阳，日人叫“奉天驿”。这里我又须等四个钟头。我得想法子“杀时”。在满铁站的食堂里吃晚饭“杀”了一点钟。这里的菜单与“奉山路”车的菜单是一样的：第一行是日文，第二行是和化的汉文。我不懂日文的时候，看和化的汉文；不懂和化的汉文的时候，就看日文；把两种凑合起来，可以勉强定菜。譬如：车上有牛肉扒，日文字母说这就是Beefsteak。蝴蝶蛋这个名词多么诱人，但是拿出来一看，不是别的，就是一面煎的两个鸡蛋。吃了饭，还有三个钟头，只好在候车室里观人。许多青年日人，身着洋服，兴高彩扬的，在室里谈话吸烟。仔细看看，我觉得他们并不快乐、不自然。快乐的、自然的，还是那些脚拖木屐，身着宽袖大领和服的人。最不自然的是日本军官：他们的长统皮靴子使旁观者看见不舒服！日本的西洋化虽比我们高些，日人的天性似乎不安于西洋文化。日本国内的不安及日本给国际的不安归根岂不是因为日人中了西洋文化病菌？

十一点上南满路的特别快。上车以后就睡；醒来就到了“新京驿”。一九二九年的夏天曾游过长春。现在似乎热闹多了。上了中东路的车以后，一个着制服的人进我的房间，问我要名片。他看了，就问：“那边都好？”我答：“那边都好。”他又问：“您舒服吗？有什么事我可作吗？”我答了“没有”，他笑嘻嘻的下去了。不久又来一个着便服的。他道歉式的说：“您知道我不能不这样作。”于是他问我答，不外从哪里来，到哪里去，作什么去等，总共不过四五句，他也下去了。

中东路——或“北满路”——车子有点像汪精卫先生所说的破落户：宽大，而且曾有一个时代很讲究，现在不过装个体面而已。上午八点多钟开车，下午二点到哈尔滨。沿途的景像一如常态。我的同房的皮箱上面写的P.Y.Wu，但他手里拿的是本日文杂志。我们始终没有交谈一句。

哈尔滨的“格兰得火大鲁”（Grand Hotel）几乎是专为西比利亚旅行者而设的。事无大小，这旅馆没有不能代办的。旅客把事情委托了以后，可以安心乐意的到街上去玩。上次我在哈尔滨的时候，特区的长官是张焕相。他治哈埠的精神很像诸葛亮治蜀那样：抱定鞠躬尽瘁的目的，事无大小必亲自处理。那时我因为要知道外人对哈埠市政的感想去找了美国总领事汉森先生谈话，我问他美侨是否交纳市税。他回答说：“美侨为什么不纳税呢？市中道路，警政，电话等都办的大有长进。我们的商人既然享受这许多的便宜，他们有何理由不纳税？”民十八年可说是中国人在哈埠的黄金时代。造孔庙，建宫殿式的中学校舍，收回中东路的地亩和电话，开市民议会：论市政，那时哈埠是全国的模范市；论国际关系，那时特区长官勇往直前的收复失权。那时在哈埠的中国人真能扬眉吐气，不免太骄傲一点，目中太无人了（这种心理是以后中苏战争的根由）；白俄赶车，作叫化子，在街上替人刷鞋，作娼妓，开饭店；赤俄为主义所束，大势所迫，进退两难；至于日人，那时他们是看戏的，不是唱戏的。现在日人不但上了台，且唱的是主角；中国人少数上台的不过装小丑而已。

十九早晨，搭中东路车往满洲里。车子过了松花江，四面一片汪洋。我很奇怪怎么哈埠以北来了一个大湖。打探才知道是涨大水。过了半个钟头始到旱地。下午路过一站名叫“成吉思汗”，可惜我不知道那个地方与成吉思汗有什么关系。大概说来，齐齐哈尔以东，土地肥沃；以西则只有草地，且带点沙漠气象。有几站有日人的军功碑：某年某月某日帝国军队某营某团以少敌众，杀退几千几万中国兵。有些地方有日本军官的土坟，简略的木牌说明这是大佐或中校某某以身殉国之处。

二十日（星期一）清早到满洲里，这是中东路的最西一站，过了这站就入苏俄境了。西比利亚的特别快还没有到站，我们只好到市里去玩玩。我同两个美国人——一个是哥伦比亚大学的法文教员，一个是钟表商——进城。读者不要误会，满洲里与中国一般的城市大不一样。第一，此城没有城墙。第二，市上的房子大多数是木建的。第三，街道宽则宽矣，全是自然的，雨后的状况可想而知。第四，店铺的招牌全是汉俄合璧。伙友全是能说俄国话的山东人。不到黑龙江及西比利亚走走，我们不能知道山东人的殖民能力。走了半点钟，我们把满洲里的街道都走到了。所见的人，汉俄的各半，似乎很相安的。我看见少数日本兵，一个小小的日本旅馆，我没有看见日本商店或日本商人。

十点，“满洲国”检查出“国”旅客的行李和护照。检查护照者是个说英文的日人。连办公室墙上的通告都是日文的。他读了我的介绍信，倒很客气，没有多问，并且祝我一路平安。检查完了，上西比利利亚特别车。十一点多钟车开了，我就算经过“满洲国”了。

——选自《独立评论》第一二三号（一九三四年十月二十一日北平出版）

车窗中所看见的西比利亚

——欧游随笔之二

在满洲里开车以后，不久车子又停了，苏联的检查员上来了。我们的行李、护照及银钱都要受检查。行李的检查颇仔细，不过检查员很客气，而且有点幽默。他们最注意的是书籍杂志，但是全车的旅客没有一人因为行李发生困难。护照及银钱都要登记。照相机都要加封皮，在途中不能照相。检查几费了三个钟头，到下午两点才开车。

从满洲里到莫斯科总共是六千七百启罗米达，要走六天零三点钟。在火车上接连走六天当然不是很愉快的生活，不过至少我个人并不感觉烦闷。每星期一在满洲里开的特别快是比较舒服的，头等很像沪平通车的头等；二等比头等差不多，也是两人一间房，不过房间较小，且没有个别的洗脸房。侍役很殷勤，并不在资本主义国内的侍役之下。如有两人结伴同行，那舒服极了。我原定二等，因为房间较小，加付了十九元美金，改坐头等。第一天，我个人一间房，在赤塔停车的时候，我到站上去散步，回来发现房内坐着一位中年俄国女客。我大起恐慌，觉得不可终日。后想起在什么书上读过：赤色文化不讲虚伪的性的规矩。我也只好从俗。其实我并没有受过什么大不方便。晚上到了十点左右我离开房间，给她一个就床的机会。早晨，先起者洗了脸，穿好衣服，就出去，给后起者一种方便。在依耳库次克，她下去了，可是又换了一位女客，一直到莫斯科。因为言语不通，我没得与她们多谈。一个曾作过教员，她到依城去学罐头事业；第二个是位管家的太太，她的先生在苏联一个航空公司服务。

饭车的伙食还好。各色的酒都有，菜味不免单调，价钱略高，三餐须费四元半美金。大半的客人从哈尔滨带着不少的干粮和水果。左右房间里可以时时教侍役倒茶或开水。一天到饭车里去吃一顿也就够了。有许多人说西比利亚车中的饮食问题如何困难，我是没有遇着。

车上还有澡堂，费五毛美金就能洗一次。到第三天，同行的客人，除非言语不通，都彼此相识了。我这次同行的有俄国人、美国人、英国人、瑞典人、匈牙利人、挨斯当尼亚人，中国人就是我一个。最通行的言语是英文；有一位埃斯当尼亚人，俄、英、德文都能说，他的两位小孩儿，在哈尔滨生长，还能说几句中文。最有兴趣的同行者是美国电影明星兼政论家洛奇尔（Will Rogers），他是一个最美利坚的美国人：生长在美国中部的一个牧场上，小学没有读完，靠着自己的天资和常识，步步的成了美国当代的一个人物。他在中国游了两次，我问他对我们的感想。他毫不踌躇的回答："一个中国人是天下最聪明的人，两个中国人合起来是天下最糊涂的人。"我们一天到晚谈笑、看风景、玩纸牌，不知不觉的日子就过去了。车子到了大站，总要停十分钟或二十分钟，我们一群人都下去散步。

西比利亚人口很少，尤其在东部，不过生活简单的乡下人，看见火车过，必要把它当作一种消遣，所以我们也看见不少的人。现在西比利亚的居民，据我所看见的，没有受过饥饿的遗痕。衣服确很平常，甚至于破烂。在全西比利亚的居民，军官除外，我没有看见一个俄国人穿着光亮的鞋子。乡村小孩十之八九打赤脚，成年的女子也有不少打赤脚的。看看站上的小摊，可见得俄国现在的消耗品不多，普通慢车的三等总是旅客拥挤不堪；有些乡民男女老幼整天的在站上等车还得不着位子，这种情形很像我们的三等车，恐怕还有不及。洛奇尔太太是个富有慈悲心的妇人。她看见那些赤脚破衣卖花的小孩，或看热闹的小孩，总忍不住，总叫Will拿糖去分给他们吃，得着糖的嘻笑与没有得着糖的眼泪是不容易忘记的。沿途的兵确是不少，在东部许多地方，他们正忙着盖营房，有些兵就住在货车里，与我们贵国一样。我以先常想我们的兵，生活这样的苦，服装这样的不整齐，怎能打仗，现在我看见了苏联的兵，我倒放心了，因为没有问题，苏联的兵是能打仗的。

从消耗方面看，苏俄的人民，没有问题，是在普通国家水平线之下（但是一般人民的生活比我们还好的多）。从建设及生财方面看，也没有问题，是在普通国家水平线之上，西比利亚尽管人口少，荒地多，我们每天总要遇着好几十列货车，满载大松木、石油、各种机器，尤其是载重的汽车，和耕田的机器。有的站上，同时摆着三四列，每列有三四十辆车子。愈到西部，工业空气愈紧张。至于工人，我们在路上及站上所看见的，都是很努力的，尤其是女工。我们看见过男女一道在路旁荷起锄头修路。不仔细看，分不出男女；仔细看，有时还能发现一二个很美的青年女子。每天近中午的时候，车子总要在一个大站停二十几分钟。一停车，就有十几个女人，一手拿楼梯，一手提水桶，到车旁来洗刷，替车子洗过澡。没有私产，没有消耗，而工作这样努力，建设这样勇往直前：这样的国家是有前途的。

西比利亚这个地方本身也使我感觉俄国的伟大，风景倒很平常，除贝加尔湖以外，我们所看见的全是平原。东部是大草场，已耕的地很少；西部则森林占十之八九，耕地不过十之一二。树木多松杉及白皮的Birch，松全是黄皮松，笔直的，车近森林的时候，看不见树顶；远的时候，树木的稠密很像丛竹，不过带着深青的帽子。俄人建房子就用这种大松木，一根一根的堆起来，他们的燃料是松木，电线杆子也是松木，俄国的森林几有用之不尽的模样。耕种的地都是大块的，深黑的。我们过的时候，有些田庄已经收获了，且又犁过了；有些是一遍汪洋的黄麦。以俄国物产之富，可说是共产主义最好的试验场。到了第五天，我们要过乌拉山，都等着看雄壮的山景。不料路线避免了高山。一直到莫斯科的效外，都是平原上的大田庄和大森林，欧洲的俄罗斯与亚洲的俄罗斯，在铁路经过的这一带，并没有自然界线，连植物都是一样的。地理上，俄国是属于亚洲的或欧洲的，旅客很难知道。

西比利亚的人民大多数是白人，少数黄人，还有少数显然是在黄白之间，军队也是如此，俄人几乎没有种族的观念，黄白一道当兵，一道作工，彼此通婚的也不少，黄白的小孩一道玩。在几个站上，我想与黄人谈话，他们笑而不答；大概他们是蒙古人或土人。在一个站上，有一个高大的黄人，靠着栏杆看特别快，我发现他是山东人，在那个站的食堂当厨司已经十几年了。在站上那群人中，他几乎是贵族，因为他穿的西服比别人的都要整齐。

第六天（星期日）吃了中饭以后，人人收拾行李，有些交换住址。我在莫斯科没有一个熟人，又是初次来俄国，心中不免有点着急，五点钟，西比利亚特别快进了莫斯科车站。

——选自《独立评论》第一二四号（一九三四年十月二十八日北平出版）

观莫斯科

——欧游随笔之三

车进莫斯科的时候，所有的旅客都站在走廊里，认识认识赤都的面目。人人都说：原来赤都是这样的！它与一般大都市看不出什么大不同。纽约的“摩天楼”（Skyscrapeis）虽不见于此地，六七层高的大厦也不少，街道有些是柏油面的，有些是石块砌的。街上的汽车、马车、电车一样的在那里奔驰，马车多半是旧的；汽车载货的多，载人的少。阔人看不见一个，时髦妆饰的妇女也看不见一个。鞋子都是多日没有刷油的，裤子是多日没有烫过的，帽子都是无边的小帽，但是人民都是足衣足食的。这个普罗的世界是朴实、平等的，其空气是十分奋发的。

现在在苏俄旅行的外国人十之八九都靠Intourist，这是苏俄政府所组织的“外客旅行社”。论性质，它很像中国旅行社，论规模之大，事业之多，组织之密，它远过之。它包办一切旅行事业，它有它的汽车，它的旅馆，它有各种旅行统票出卖：或观一城，或游一区域；少则五天，多则一个月。统票分三等：头等每天美金十二元，二等九元，三等五元，票价包括房租、饭食、车费及导游。我买了一张十天观莫斯科的二等统票，所以我住的旅馆、吃的饭、坐的车子都是二等的。我以后发现我的食、住、行都太讲究了。我的房间有电话（我不说俄文、用不着电话），电灯，自来水的洗面盘，四个椅子，一个小沙发，二个桌子，一个衣柜：一切的家具比我家里的都讲究。食，倘减半，尚有余。出外去观的时候，坐的是林肯车。

我虽想观莫期科，我确有正经事，那就是，寻找帝俄时代的远东外交档案。所以星期一（八月二十七日）我就去打探中国大使馆的所在，打探出来，非雇汽车不可。于是托旅行社去雇汽车。社中一位小姐，善于英语的，笑嘻嘻的答应了，她打了半天电话：我虽不知道她说些什么，她好像很努力的要车。却是她转过头来对我说：社中的车都出去了。怎么办呢？她教听差到街上去找；听差说："那怎么能找得到？"她是多才的，说：我替你打电话给中国大使馆，告诉他们你雇不到车，要他们派车来接你。"你看好么？"这样我才到了使馆，见了吴炳文代办，把我的希望一一的告诉他，求他费心与苏俄"文化交换局"（VOKS）接洽。他一面教人打电话，一面同我谈祖国的近事，不久，又来一位客人。吴先生介绍："这是陈先生，陈友仁先生的公子。"他是一九二七年，陪鲍罗廷从汉口到莫斯科来的。他的名片又说他是天津大公报的访员，他开口就告诉我他不会说中文。我倒喜欢这样的爽快，我们俩也谈了许多的国事。馆员进来，说电话打通了，VOKS请我就去。陈先生很客气的要陪我去，我自然是求之不得的，出了馆门，他请我上他的汽车，我心中很奇怪：怎样陈先生的汽车比使馆的还阔气？到了VOKS，陈先生用俄文告诉传达者我们的来意。谈话的结果，我暂不提，留待下次我写正经事的时候。退出VOKS，我们又回使馆去，在那里吃中国饭。饭后参观使馆，这是中华民国唯一的大使馆（Embassy）；馆内两处，一处是办公，是所谓旧馆，一处社交，是新馆。新馆原是一个富商的产业：其规模之大，妆饰之美，令人想起俄国革命前繁华生活之造顶，颜大使租了这所房子，从新布置一翻，这里那里加上一点美术的国货，现在体面极了。观莫斯科从中国大使馆观起：我可算不忘本。陈先生送我回旅馆，途经他的办公室，我然后知道他原来又是美国某大汽车公司驻俄的顾问。说也奇怪：中美两国在莫斯科合作起来了！还不止这一件事。

把正经事接头，我起始观莫斯科。我不必全抄我的日记，只说个大概就够了。莫斯科——其实全苏俄——有两个：一个是帝俄遗留下来的；一个是苏俄新造的。我或者不应该说莫斯科有两个，我只应该说莫斯科有两方面。这两方面——新的和旧的——好像彼此尚能相安相容，不像北平中南海内，旧宫殿及新洋楼那样的势不两立。其实旧莫斯科已有高度的西欧化；新莫斯科，从建筑上看来，就是加倍的西欧化、美国化，甚至可以说，超美国的美国化。莫斯科现在有几个大建筑正在进行：地下电车；一个可容一千一百万册的图书馆；一个有两千房间的旅馆；一个造汽车的工厂，现在工人二万，将扩大至七万；许多工人的新住宅，一排一排的，很像清华学生宿舍那样。

最能代表新莫斯科的要算"文化及休息公园"（Park of Culture and Rest），我在这公园游了三个钟头，还有许多地方没有游到，从公园的设计，我们可以知道苏联当局要培养什么样的国民。第一，这公园的体育设备最充足，各种的球场，各种的游艺都有。我去游的那天是俄国休息日（每第六日），所以游人特别多，我们中国的体育限在校的学生，就是在学生界还不普遍，此地所提倡的体育实在是民众的。第二，这公园是提高人民对于机械的兴趣的好场所，园中有儿童（七岁以上十五岁以下）造械厂，内有导师及各种造械的机器及材料。儿童各从自己的兴趣在这里造小汽车、飞机、铁路等。他们的成绩有许多在那里陈列着。在造械厂以外，园中有好几处陈列着小模型的发电厂、炼钢厂、旧的摩托，游客数十成群的围着，有机匠替他们解释，导游者告诉我这些解释者是党员，拿这种工作当他们的社会服务。第三，这公园也是提高人民的军事兴趣的好场所。这里有兵拿着步枪或手提机关枪，对着十几岁的男孩，把内部的机械拆开给他们看，一面拆，一面解释各部的作用。这里有轻气球（Balloon）带游客上天空去试航，有各种玩具练人民在空中颠倒的能力。有救危伞（Parachute）挂在一个高十丈的台上，人民可以试跳。第四，智育的设备，如阅报室、图书馆等，不用说，是应有尽有的。最特别的是问讯处。我看见七八处，有人在那里解答人民各种的问题，一处专讲电机，一处专讲儿童疾病，一处专讲政治经济，一处专讲工程等，处处都有许多人围着，聚精会神的听。斯拉夫族的人埋头干真可敬而又可畏。

新莫斯科——我所见的不过百分之一，固大可观，旧莫斯科亦可观。旅客对旧莫斯科的第一印象免不了要说它是个教堂城，差不多每条街有个教堂，建筑十之七八是东罗马式的（Byzantine），葫芦样子的塔顶，大部分是金色的，华丽、辉煌，那是不成问题的，不过像我这样没有看惯的人，总觉得这种建筑有点不文明，现在有些教堂仍是教堂——苏联政府并不禁止人民作礼拜，大多数已改为图书馆、博物院，或俱乐部。最大的、最有名的圣比奚教堂（St.Basil Cathedral）与列宁墓相隔不远——现在是反宗教博物院（Antirelingions musleem），其陈列品表示当年教堂如何助皇室、贵族、地主、资本家为恶，教堂的富，及教堂的迷信和愚民。苏俄虽反对宗教，并不毁教堂，其中有历史及美术价值的，且加以保存及修理。

二百年前，莫斯科原是帝俄的都城；克米林宫（kremlin）就是城内的皇城，旧莫斯科的精粹所在。四周有高厚的墙，墙外原有濠，现在已部分垫平。皇居防御的森严很像东方的帝王。不过从历史考起来，克米林的墙濠原有并非妆饰品，藉以表示帝主的威风，实在有军事上的必要。现在克米林的正宫是行政衙门，旁宫是博物院。院中所藏的大部分是历代皇室日用家具。俄国皇宫内部的华丽远在北平故宫之上；从日用家具推测，俄国旧日皇室生活的奢侈亦必远在乾隆帝或西太后之上。同时双方也有许多相同之处。最古的俄国王冕就是顶中国式帽子，不过顶子上面加了一个十字架。宝座像中国的一样不舒服。最古的御乘没有车夫的座位。导游者告诉我：当时俄人以座高于皇及以背向皇为大不敬。乾隆末年，英使马戛尔尼送乾隆帝一辆马车，因为车夫的座位在前面而且很高，清廷拒绝不收。克米林宫所表现的帝制是介乎东西之间的。

莫斯科效外有个大地主留下来的住宅（Ostankino）,其外表及内容纯粹是皇宫。据说在亚历山大二世解放农奴以前，那个地主有好几十万农奴，这个住宅现在是博物院，其花园现在是个大公园。游博物院者一方面可以看见地主生活的奢华，一方面又能看见当年农奴的苦楚。中国人游此地者免不了要说："物极必反"，而且可以拿这四字来解释苏俄的大革命。地主生活的奢侈诚是中土所未见；地主处罚农奴的各种酷刑亦非中土所有，但是博物院所藏的农奴家庭生活的陈列品表示着俄国当年农奴的物质生活比今日中国农民的还要舒服。那天与我同去观的有翁照垣师长及戈公振先生，我们不约而同的说"这还不差"。所谓"不差"者与中国情形相比不差而已。

观了十天，我的"正经事"还不能进行。恰巧袁守和到了。于是我同他又观了两天的图书馆及种种的图书事业。莫斯科大学有图书馆，其制度很像北大的：书都分散了，不但每系有阅览室，甚至每门功课有阅览室——至少历史学系是这样做的。新书很少，管理图书的人却不少。各研究机关有自己的图书馆。专门图书馆之中，最大的、最完备的是"马克斯－恩格斯－列宁研究院"的，我们在这里看见马克斯《资本论》的原稿及许多列宁的稿子。现在《列宁全集》差不多出完了，他的稿子未出版的不过二十分之一。虽然，研究院把他的稿子仍看为至宝。其实共产主义先哲的遗稿，即片纸只字，这个研究院亦愿出大价收买。其次要算"共产主义研究所"（Comnunist Academy）的图书。我们所看的是这研究所的中国部，部长是位善于华语的俄国青年学者，他的口音有点山东味道，据说是哈尔滨的山东人传授给他的。他的图书室内有社会研究所、南开经济学院的出版品，《国闻周报》及《中国社会政治学报》。普通图书馆最大的是列宁公共图书馆。此馆很老，不过名字是新的。书籍堆积如山，参观者倘不小心可以被书活埋着。大概总有一百万册以上，馆员也不知道确实的数目。善本书室收藏之富使守和连叹三声！此地有个新设的图书馆专门学校，校长是个美国留学女生，所采的学制是芝加哥大学图书专科的。读者不要惊异：我们看了欧洲大陆图书馆以后，才知道美国人管理图书之超人。

莫斯科图书事业之最有兴趣的是“国立书评编辑所”。所中有专任职员二百人，特约编员八百人。出有十种书评杂志。这些杂志的目的有两个：向读者介绍新书，同时他们也是出版界的春秋。所长再三告诉我们：“苏联的书店都是国立的。我们发表的书评是国家评论（state review）。我们一字的褒贬，他们（书店）不能不注意。”可惜我不知道这个书评编辑所究竟在苏俄出版界有多大的影响，什么样的影响。

一九三四年九月十日书于莫斯科

——选自《独立评论》第一二五号（一九三四年十一月四日北平出版）

观列宁格拉（节选）

——欧游随笔之四

我在莫斯科观了两星期，中央档案库（Centriy Archiv）还没有决定究竟许不许我进库去研究。我就先到列宁格拉去玩一玩再说。列宁格拉（Leningrad）是苏联革命起义的地点，也是帝俄二百年最盛时期的京都。要知道新苏与旧俄，那是不能不去一观的。

列宁格拉离莫斯科六百五十启罗米达。二等车票要二十二元美金，约当北平到南京的头等票价。我以为太贵，不免踌躇。适这时列宁格拉的戏院，为招待旅客，演新戏三天；“外客旅行社”（Intourist）因此发减价统票。我出了四十五元金洋，买了一张四天的统票，来回车费，在列城的房饭，三晚的戏，及每天三小时的游观都在内，这够便宜了。

我来莫斯科坐的车子是国际通车（Wagonlit），我这次坐的是俄国式二等。大致与我们的二等差不多，每间四个床，两上两上，不过干净差一点，便所尤其干净。晚上十点开车，第二天上午十点到。沿途的风景，我没得看见（回来也坐夜车）。近列城的一段全是平原，人口不见稠密。

车进了站，外客旅行社把我们一群外国人接到“欧罗巴旅馆”，这时已经十点半，我还没有洗脸，吃早饭。“文化交换局”（VOKS），因接到莫斯科的信，派人来找我，说局长先生在局里等着我，请我就过去谈谈。现在俄国人虽不讲外表，我总觉得不洗面就去拜客有点不敬。等了一点半钟，掌柜的还没派定房子。我去催他，他说旅馆满了，须送我到Astoria Hotel去。这时VOKS又派人来催，说局长还等着。我只好从头至尾解释一番，约定下午二时去拜他。我把VOKS这段事说出来，因为以后发生了误会。我洗了面，吃了早饭，两点还差十分，就到了局长先生办公处。局长不出来，派秘书代见。我知其所以然，只好装个不知，就告诉那位秘书我想参观的文化机关——科学研究院Acadmy of Sciences（俄国的汉学家称此院为翰林院），列城大学的历史系，档案库。秘书说："我们尽量的去办。两天以后，我打电话来告诉你。"我就此致谢，告别。革命的苏俄尚未革去官气！

下午四点，旅行社派个导游者陪我及两个美国人、一个英国人去观列宁格拉。我们坐着车子，导游者——女士——沿途指点和解释。出了旅馆门，就是一个十九世纪前半所建筑的大教堂。她对我们说，教堂有多少根柱子，每根有多少重，建筑的时候死了多少劳工。她讲她的，我尽量的欣赏建筑之美而雄壮。转了几头街，我们到了皇宫。这里不像莫斯科，没有墙濠，建筑是义大利Baroque式的。我看是大而不伟。唯独宫前的大广场有点伟气。宫右是海军部大楼，上有金塔，正对面是参谋部，左是卫队营。帝俄的军国主义于此毕露，卫队营的后面是Hermitage，世界有名的美术馆。往东几头街，我们到了俄国美术馆，专藏俄人的作品，往北是旧日俄皇的阅兵场，现改为公园兼体育场，内有十一月革命烈士的公墓。再往北，到了尼瓦（Neva）河边。车子停了，四面看看，我们就知道列宁格拉之所以成为形胜之地。尼瓦河比黄浦江宽，比南京前面的长江窄，水是黑清的。导游者说："这个地方原是瑞典的，二百余年前，俄国商业发达，尼瓦河口是国际商船的总汇（她也相信唯物史观），所以大彼得（她仍承认彼得是伟大）占据了这个地方。那个金塔——旁边还有个略低的金塔——那个就是彼得保罗的堡垒。那是大彼得占了尼瓦河口以后的第一个建筑。你们仔细看看：那个堡垒是建在一个岛上，岛四周都有墙。大彼得想这个堡垒足扼尼瓦河的咽喉，其实以后并没有外国来夺我们这个地方。帝俄就在堡垒作为监牢，囚禁革命党，那就是俄国的Bastille！"

在俄国封建诸侯争霸的时候，莫斯科没有问题是形胜之地。等到俄国一统的局面成了，能与欧洲的列强争雄的时候，那末，非迁都于尼瓦河口不可。此地进可以攻，退可以守，因为彼得要问天下之鼎，所以他才建设圣彼得堡。又因为彼时莫斯科规模狭小，暮气很深，西欧文艺复兴以后的新精神不能透入，所以彼得觉得在莫斯科没有用武之地，不如迁都于海滨，与西欧近，且可以过大生活，世界生活。俄国倘没有圣彼得堡，俄国就不能有近两百年的历史，俄国的面目完全不同了。旅行不到圣彼得堡，我不能估计彼得的伟大。到了此地，回想二百年前彼得与瑞典的战争，以及他与莫斯科守旧派的冲突，他如何在此不毛湿洼之地，不顾天然的和人造的阻碍，毅然决然完成他的志向和使命。

从彼得保罗的堡垒，我们沿着北岸，往西走。导游者说：“这些大厦当时都是贵族和富翁的住宅。尼瓦河的两岸是这城的繁华生活的中心。当时在这里过日子的人那知道民间的疾苦？”尼瓦河畔的悲剧喜剧不知演了多少！

以后导游者带我们去看新建的工人区，以及帝俄政治犯的后裔的住宅。这些都是立体式的建筑，美国人称为“Apsaltment houses”，现在上海也有，住户（一家）有占一间的，有占两三间的，每人平均可占九方公尺。每家在窗户上都摆着几盆花。每家都有个钢建的小凉台，夏天可以乘凉，冬天可以晒太阳，人不在的时候可以晒衣服。在离城中心稍远的地方，昔日富翁的别墅现在是劳工休息所，劳工轮流在此过三四星期的优游日子。昔日少爷小姐“作爱”的亭子里，现在有三五成群的劳工在那里吸烟、下棋、看报、谈笑；也有在那里“作爱”的。

这样，我算把列宁格拉看了一个大概。莫斯科是历史的产物，积七百余年的无计划的推演，列宁格拉是一个人的理想和企图的实现，街道要宽畅些，整齐些。莫斯科表现东罗马帝国文化的影响，列宁格拉表现西欧文化的影响。在莫斯科，我们可以看出俄罗斯民族幼年的奋斗，克米林的城墙、角楼、濠沟，以及最古商区的城墙（旧名支那城，实在与我们或鞑靼毫无关系，现在拆了以便交通）都暗示着当初四周全是敌人，防御不能不十分谨慎。列宁格拉是四通八达的，表示初成年的大无畏精神。然而究竟莫斯科是斯拉夫族的民族魂的所在；直到大革命，俄国国粹党的中心是莫斯科。好像近三十年我们的留学生：穿了二十多年的长袍，吃了二十多年的白米饭，跑到外国去，随着外国的风俗带硬领子，吃面包饭；回国以后，不知不觉的要恢复旧日的衣食。这个比喻不免以小比大，且不十分恰当。我不过要指出以莫斯科为国都，一般俄国人免不了要觉得自然及愉快。

看了大概以后，我又选了几处去作较仔细的参观。第二天上午，看俄国美术馆。虽费了三个钟头，仍是走马看花，那个馆实在太大了，收藏太富了。大致俄国油画的体裁及题目与西欧同，演化亦同。那天下午，游海滨皇宫，名叫彼得宫（Peternof），实只有一部份是大彼得建的。却是在我的眼光里，最有兴趣的就是彼得最初所建筑的小屋：荷兰式样，极其朴实，无所谓华丽。屋离海不过两丈；从彼得的书房、饭厅及卧房都能看见海。彼得所用的小望远镜现尚存在，他的书桌、椅子、床、衣服、酒杯等等均保留着。导游者指着一个大杯说：“当时彼得同朋友们喝酒，凡人家敬酒而不喝的，彼得就罚他这一大杯子酒。”彼得的酒友必都是豪饮者，那个大玻璃杯子至少能装五斤酒。宫园的布置仿法国维尔塞宫；水泉之多及其射水之高，式样之美，恐怕还要超过维尔塞。宫内的繁华恐怕亦不在维尔塞之下。不过论全部的布景，我以为仍不及颐和园，虽其华丽远过之。

第三天上午我先看了彼得保罗的堡垒。四周的墙，及门洞与门完全与我们的建筑式样相同。里面现有造币厂，戒备森严，不许参观；还有旧日的政治犯监牢。苦鲁巴底金（Prince Kropotkin）在他的自传里曾经描写过他在这里所受的待遇。列宁的兄弟也在这里尝过帝俄的恩赐。论物质设备，我看还不差，比国内的模范监狱恐怕还要好些。不过政治犯大多数是理想家，知识与情感都是灵敏的。单调的生活不是他们所能过的。看完这处以后，我们到俄国最有名的美术馆（Hremitage）去了。往年参观法国柳府（Louvre）的时候，我以为欧洲美术的精粹全在那里。我不敢评此二处的优劣，但是论荷兰及西班牙十六七两世纪的名品，此处不在柳府之下。

下午，文化交换局派人陪我去参观俄国的“翰林院”。院占整个的一区，内有各专家（Academician）的研究所及图书室。这院的设立及其著名远在革命之前。革命以后，将近百名的“翰林”之中，三分之二非党员，不过行政皆由党翰林兼。翰林专事研究，政府每月每名发七百五十卢布的薪金。现在苏联无专技的工人每月工资约百二十卢布，有专技的可达二百卢布，但是工人有各种便宜，非其他阶级能享受的，这些翰林有点穷翰林的样子。加之苏联要集中学术于莫斯科，这班翰林不久都要离开故乡，免不了有点不满意。苏俄故都与新都的关系颇像北平与南京那样。我在翰林院遇着俄国有名的汉学家阿理克（Alexiev）。他很对北平表同情；我很对列宁格拉表同情。此外我遇着一位姓王的（未必真姓王），号称湖北人（大概是湖南人）；他在列宁格拉大学讲汉文，同时帮助俄国汉学家研究中国近代的政治经济。（别国的汉学家多注重先秦，唯独俄国的注重最近的百年）他问了我许多关于史料的问题，有些我可以勉强回答，有些就没法子。譬如：他再三问我要太平天国的经济史料，好像我收藏了什么宝货。

第四天上午，我看了一个模范工厂。厂是造棉线的，内有六万锭子，二千五百工人，分三班，每班每日七小时。工人尽是女人，工资每月从百七十五到二百卢布，所用的棉花全是苏联国货，厂内各处皆十分干净。每个工人面前都挂小红旗，表示她属于劳工冲锋队，俄人所谓udarnik。我问经理为什么工人没有好坏，全是特优呢？他说，在那个工厂，工人十分奋发，倘不努力，前面就挂黑旗，那就要受人人的讥笑。现在共党在苏联努力造空气，使人人知道作个udarnik就是英雄。而这个民族是个崇拜英雄的民族。厂附设儿童寄托所，内部之干净，玩具之多及有趣令我很为我的子女羡慕。

下午，我去参观了列宁格拉大学的历史系。他的组织和课程全与莫斯科大学相同。课程分五年，前三年为普通科，皆必修；后两年为专科，分俄国史、上古史、中古史、近代史及殖民地史五目。教师共三十人，内十人是党员。主任用不着说是党员，且是兼差的。我得的印象不好。开学已经两星期了，但是讲堂、参考书室还没有预备好。最近我在报上看见一个消息，说苏联教育部要改变中学的历史课程。大概以往在苏联的历史教课全变为党义的阐明，什么阶级战争那一套都讲透了，但史实一点不知。我听说有个学生在考试卷子里说大彼得是十九世纪中压迫劳工的暴皇！这种的学生，我在中国见惯了：那个在入学考试卷子说蒙古人建元朝是为蒙古的工厂找商场的，岂不是这个俄国学生的“同志”？现在苏联教育部所主张的改良，虽不是要放弃唯物史观，听说是要注重具体的史实，少讲点抽象的主义。

一九三四年九月二十四日书于莫斯科

——选自《独立评论》第一二八号（一九三四年十一月二十五日北平出版）

注：

观列宁格拉系今列宁格勒。

赤都的娱乐

——欧游随笔之六

我们传统的治术是孝悌忠信礼义廉耻。在崇孔的风气盛行的时候，我不应该批评孔子。一句话我敢说：孔子虽集大成，他的时代没有心理学可以集。罗马帝国的政治家就聪明多了，他们以面包及马戏治天下。我们所谓天下，西洋人称群众或民众。

免得人家说我不能脱离虚伪，我首先承认这篇文章是从经验得来的。我在赤都住了两个多月了。什么博物院（恐怕全世界以赤都的博物院为最多）、图书馆、档案库，好是好，看多了也就厌了。于是就找消遣，找玩意儿。我不是要探讨共党的革命治术然后去玩：我是因为玩的高兴了然后想起适之先生在北平编“独立”的辛苦，然后拿起笔杆来就写。那末，写玩意儿为什么要写个这样的大帽子呢？一则因为我刚读过适之的《写在孔子诞生纪念之后》，想间接的表示我的佩服。二则——让我说个故事。好像法郎西（Anatole France）在他的幼年回忆录说他初次作文，第一句话是”上帝是什么？”先生问他为什么要问，他回答说：“不问，我的文章怎能开端呢？”我也不过要开端而已。

话虽这样说，我还信罗马的政治家比孔子聪明，苏联的政治家也比他老夫子聪明。前不久，我在“革命戏院”看了一出这样的戏，某工厂的经理先生是个十二分热心的共产党。他一天从早到晚忙着管工厂，想法使出品超过预算。衣服破了，胡须长了，头发乱了，他都不觉得。至于陪太太及女公子去玩玩，那更谈不到。太太却是好玩的；女孩，十七八岁，也是好漂亮的。夫妇之间发生了大冲突，太太到党部去告发了他，说他侮蔑女权。同时他的女孩也出了乱子。她饿了三天，省了钱去买双丝袜子。一位青年同志也在党部告发了她。于是党部秘书开会讨论。一位娘子军式的女同志首先发言：“现在全世界的劳工都受压迫，法西思主义在那里活跃。我们应该节衣缩食，努力奋斗，还想穿丝袜子吗？这位同志显然不明革命党的天职。衣服像我这样的简朴不就够了吗？（同志皆大笑）我提议革除她的党籍。”同志们都不以这种议论为然。他们认党员也应该有个人生活（这戏的名字是《个人生活》）。党部秘书反把经理先生责备了一顿，说：作经理同时也要作人：外表不整，家庭不理不一定就可以作好经理……。

戏末有点小趣。一位男同志对那位买丝袜子的女同志说：“你这事虽可原，我看你还不深知马克思主义。让我尽点义务，每天教你一点钟的《资本论》，同志们是应该这样彼此相助的。”但是后来她虽没有读《资本论》，他却答应了在结婚以前替她买三双袜子，一件新外衣。

《个人生活》可以代表苏联社会的新趋势。听说前不久某工厂经理自外省到莫思科来见重工业部部长。在客厅等侯的时候，他看见别的客人都是外表整齐的，临时托故告退，到理发室去整了容，然后再回去见部长。我们虽不能说苏联从马克思降到丝袜了，我们可以说苏联的人觉得马克思和丝袜子可以同时并行。这也是苏联经济建设成功的一个表示。

俄国人好看戏，据说莫斯科有五十多个戏院。它们，用不着说，都是国家设立的。戏票的一半由戏院轮流分送各工厂，所以就是“大戏院”——以先是帝王贵族富翁消遣之所——现在劳工也有机会进去欣赏。这戏院——Bolshoi Theatre是十分华丽的。当年的御厢还保留着，苏俄政府现在作招待贵客之用。一进这个戏院免不了要想起革命以前这里生活的繁华。某美国游客曾对我说：“我如能够一见当年这院任何一夜所见过的美人和美人的妆饰及她们的同伴的衣冠，我觉得费几万几十万也是值得的。”现在这地的美人及其服妆虽比不得当年，但是音乐及歌舞，据内行人说，并不在当年之下。今年九月初外客旅行社组织了一个“莫斯科戏院旬”。西欧及北美的戏剧专家趁机来游的有好几百人。据他们在莫斯科的表示，他们对苏俄的戏剧技艺十分佩服。一般人总想苏联政府必大利用戏剧来作宣传。其实不然。宣传的戏剧固有：《个人生活》就是其中之一。但是大部分与任何政治的，经济的主义或运动没有丝毫关系。我在“大戏院”看了三次舞剧——其中之一以加拉罕夫人为主角——没有一次带点宣传性质：有两剧以神话为中心，一剧为Don Quixote的故事，我在Kamerni Theatr——名戏院之一——看过一次：演的是九十年前Scribe写的Adrianne Lecuvreur。该戏所用的布景很有中国戏台的意味。最惹人注意的是古典戏剧的盛行。此刻莎士比亚的《十二夜》及莫力亚尔的Taltvffe正在莫斯科演着。美术的重要是此邦的人充分承认的。

休息日——每第六日——有午戏和夜戏，平常只有夜戏。夜戏从七点半起，到十一点左右为止。十一点以后到两点三点是莫斯科人的真正夜间生活。人们一群一群的跑进咖啡馆、饭店去吃东西、跳舞、听音乐。这种娱乐场所最讲究音乐，它们的广告只提音乐队或舞女的名字。音乐现在最盛行的是Jazz，其次是Gipsy的民族歌舞。他们的歌的凄惨很像北美黑人的，但其淫则过之。他们的舞是Shimmy一类的。俄国人最不拘泥，不重外表的礼节。尤其是在夜间生活的时候，他们的天真、自然、诚恳，和能吃能饮都坦然摆在人们面前。装客气，摆架子那一套是他们最讨厌的。男女之间也是这样的自然和自由。不过他们的自由有自由本身的自然的限制，我在莫斯科还没有见俄国人喝醉了的。我也没有在公园里或咖啡馆里看见任何所谓不道德的事情。此地没有小报：大报不登人们的私事。民间的谣言当然是有的。说某要人有姨太太一类的事。大体说来，这地社会的风气是很健全的。

我们都听说过苏联聘有许多的外国的工程师：我们在国内没有听说苏联请有许多外国工人。其实外国工人在这里服务的确不少，他们都是精工。有些笃信共产主义，来这里帮助建设新世界，有些是因为在国内失业而来此地找事的：有些是苏联特地招来的。他们的正业是帮助苏联提高工作效率，其副业之一是在劳工界提倡各种游艺，如棒球、足球、网球等。市与市之间，工厂与工厂之间常举行比赛。在春秋两季，这种比赛是苏联民众最要紧的娱乐。我到莫斯科的Stadim去看过一次足球，技艺似乎比上不我们的选手队，观众的热心却与我们的相等。政府为提倡起见，在各处建筑运动场。有时请外国选手到此地来表演：有时派选手队到欧西各国去争锦标。赤都的两个大报向不登载琐事，却尽量发表体育的新闻，崇尚运动的风气很像英美。

这种风气的提倡不能算出奇。最奇怪的是赛马。我常以为赛马是英国缙绅阶级的嗜好：赌马是资本阶级的投机事业之一。所以吴炳文代办有一天请我去看赛马的时候，我不胜奇异。老实说，我在天津北平虽住过十多年，我从未看过赛马。现在居然在莫斯科初次享受这种眼福！赛马场的设备很讲究。我们坐在一个包厢里面，还有很好的茶点。马都是政府马场产的。未赛之先，预赛的马在路上试跑，让观众猜占优劣。愿赌者可以买个号头。第一奖不过两百卢布，但第一奖有好几十个——这也是一种均富主义。观众十分踊跃。俄国人最快乐的生活是群队生活（crondlife）

此地工人每天只有七点钟的工作：每第六天又是休息日。戏院、公园、球场及其他娱乐场所尽管多，还是不够的。其余的人干什么呢？据我看来，俄国人最普遍的娱乐是游街。到了休息日，街上总是人山人海的。我住的旅馆saxoy Hotel正在城中。我常过俄国人的生活——游街。走几步就到一条极热闹的街名叫Kuznetski Most。到处都是人。他们，像我一样，没有一定的目的，走到那里算那里。商店的窗户如陈列有兴趣的东西，就打住，观一观。“国际书店”就在这条街上。我总是先在外面站一站，看看有什么新书，尤其是关于中国的。有时别的游人就同我交谈起来。问问中国苏维埃的事情或日本在东北侵略的事情——一般俄国人关于中国的兴趣到此为止。可惜我的俄文程度太浅了，不能与他们深谈。跑进书店里去又遇着一群人，大部分翻翻而已。其实俄国所有的商店都是挤满了人的。有时我想买点东西，一进去看见人太多了，叹口气就出来，想过几天再去，可是再去的时候，也是一样的挤。一双橡皮鞋子直到现在没有买成，书我却买了二十几部。从国际书店出来，我一直往南走，到邮政总局，转弯，就到了高尔基街，顶有名的步许金咖啡馆（Pushkin）在这里，许多旧书店也在这里。那个咖啡馆我去过三次，只有第三次找到了座位，喝了一杯咖啡。此地的女同志算是最漂亮的。沿高尔基街往东走，再往北，就到了戏院广场。许多戏院在这里，丁在君住过的首都饭店也在这里。现在这饭店以Jazz音乐队出名。我在这广场上总走过几十遍。好几次，警察跑上来，对我说：“同志，你应该由那边那边走。”他——或她——指东指西的告诉我应该怎样走。许多俄国人在这广场上也受过同样的教训。因为此地人多车也多，不是因为我是乡下人。

十一月初，莫斯科。

——选自《独立评论》第一三二号（一九三四年十二月三日北平出版）

出苏俄境

——欧游随笔之八

十一月十号夜间，搭国际通车赴瓦萨，原来我在莫斯科没有一个熟人；十星期内，不知不觉的，交结了许多的好朋友，在站上与他们握别的时候，我的感觉如同在前门车站与多年的老朋友告别一样。

车上同房间的是位俄国青年工程师，到美国去练习制造汽车的，他说的满口美国话，我说一句，他总以“OK”应之。没有事作，于是读戈公振先生送我的一部新小说。著者邵罗哥夫（Sholokhov）是俄国当代青年作家之一。这书描写近几年的乡村革命，把分耕改作集耕。说它是宣传品也可以，因为著者当然是个十二分忠实而且热心的党员，他相信共产主义是人类的天经地义，无辩论的可能，亦无辩论的必要，惟其如此，他倒不故意的作宣传。他只看见乡间的地主，愈小反愈爱私产。一头牛，几只鸡简直就是他们的性命。到这些乡民之中，少数党员奉命去执行集耕，他们不但要打倒农民的私产观念；此外还有农民的迷信，因为共产党不许祈雨，几乎闹出群众的暴动。这可算得一种不能抵抗的力量遇着了一种不能移动的障碍物。

十一日正午我们入波兰境。过境的时候，旅客们忽然感觉欧洲国际空气的紧张，苏波双方均在边境上布有铁丝网，双方均设有望远台，双方均驻兵。“现在的国家都是武装的营盘”,我到此地然后知道这句话一点儿不差。

一般旅客们出了苏俄境如同出了监牢一样。“现在我们又回到文化之境了。”“现在我们能自由的呼吸了。”“我告诉你，在第一站里有个好饭厅，车子在那里要等一两个钟头，我们去饱吃一顿如何？”这是我在波兰境内最初五分钟所听见的话。英美人、波兰人、日本人，连同两个从日本来的印度人都这么说，我简直莫名其妙，在苏俄境内他们都说很好，苏俄前途无限，怎样出了境就这样的痛骂呢？在波兰境内第一站检查了行李以后，这群人都挤进那个“好饭厅”。“伙计，你有啤酒吗？我盼望你的不是苏维埃啤酒！”“这三个礼拜够受了。我是再也不来了。”“三个礼拜！我连五天就够了。”这是我在饭厅里所听见的议论，那顿饭，我也吃了，论口味，我在苏联吃过更好的，论价钱，那顿饭比苏联的要便宜三分之一，这是旅客不满意苏联最要紧的原故。苏联“外客旅行社”几乎把吸收外国货币为其唯一职责，旅客都须用外国钱，不能用俄国钱。那末，卢布有两种行市：一种是官定的，每个卢布约当中国钱二元五毛；一种是事实的，每个约合五分强，两种行市相差竟到四十五倍！如旅客能用俄国钱的，生活费用比中国还要低，因为必须用外币，照官定行市折算，费用比美国还要高百分之三十。我在苏俄住了十星期费了五百元美金，大部分的时候，我每天只吃两顿饭，并且每星期我在使馆里及朋友们那里还要吃三四顿。

旅客们的不满意还有一个理由，我从中国去的觉得苏联的物质设备不差：他们从西方去的就觉得太不舒服，太不方便了，拿莫斯科来比柏林好像拿中国内地的城市来比通商口岸；从人民方面讲，德国现在虽经济十分困难，柏林失业工人的衣食住行不在莫斯科有业的工人之下；从市政方面讲，简直不可比，苏俄不但物质落伍，人民的知识和习惯也落伍，尤其在不好洁净方面。

此外旅客们对共产主义的仇视也是他们不满意的一个原故。他们大多数没有读过俄国历史，不知道帝俄时代的退步，他们不知道在帝俄末年俄国工业的幼稚，更不知道彼时俄国农民的愚蠢几是全欧洲之冠。所以他们不能原谅丝毫。革命时代的破坏、近年建设之注重重工业、革命之难，尤其是培养共产主义的公民道德之费时，这些事情都是一般旅客所顾不到的，就是他们不仇视共产主义，他们也不能了解苏俄，何况他们的仇视之深有非我们中国人所能想象的？我们所受的痛苦远在其他国家之上，然而我想在中国没有一个人要破坏苏联的试验，或希望苏联失败。我们可说是以德报怨，西欧及美洲人则痛恨共党，把共党简直作为人类的罪人看待，就是资本家和苏联作买卖的，赚了俄国人的钱还要在背后痛骂俄国人。

我在车站饭厅刚吃完饭，预备上车的时候，波兰检查护照的人来找我，说我所得的波兰签证已过期，不能入境，原来那个签证是哈尔滨中东铁路旅馆替我办的，我告诉馆员我要在俄国有两三个月的逗留，所以入波兰境总在十一月中旬到十二月初间，签证是波兰文的，我就没有看。怎么办呢？同行的人都替我向检查员讲理讲情。检查员不肯通融，硬要我回苏俄境内，到波兰领事馆去找新签证。

他告诉我最近的领事馆是在门斯克（Minsk）,离波境只二小时的火车。他并且说火车快开了，不要多说了。不过我也没有再入苏俄的签证。倘苏俄因此不许我入境，我岂不是陷在苏波两国铁丝网之间？一面这样想着，一面上车。不到五分钟，车果然开了。苏俄验票的人还认识我，因为这辆车就是我坐进波兰的车。他们当然问我怎么又回头。我只好把我两个多月内所学的俄文都拿出来，一五一十的讲给他们听。他们居然很对我表同情："波兰人、波兰人，他们哪肯讲理！"这时我很乐意的承认这几个俄国人是"波兰通"。

从波兰边境到门斯克，若开快车，原不要两个钟头：但我坐的车是照慢车开的，不但在小站停，甚至在无站无人的旷野之中也停。我的愁闷简直达了极点。到了这种时候只好自慰。俄国人没有问我要看护照：这是第一点可以自慰的。他们说门斯克也有外客旅行社所开的饭店，名叫"欧罗巴"。那末，门斯克地方一定不小，看来晚上还可以舒服的过去：这是第二点可以自慰的。我在俄国除了两个都城以外，别的地方都没有去。现在因为护照的原故，我有机会参观一个比较偏僻的地方。这岂不是不幸中之幸事？这样，我的兴趣慢慢的高起来了。

六点多钟车始到门斯克。天已黑了。下车以后，因为要绕个圈子才能进站，走了不少的路，鞋子都湿了，泥了。到了站上，问警察外客旅行社在那里。他领我进站上的饭厅。这里有个桌子是外客旅行社定的。我想这里既然有旅行社，什么事都好办了。遇着一个穿制服的人，我就向他打探旅行社的所在。他说了许多的话，我只听出"打电话"及"等着"两个字。我就等着他打电话。不久，他回来了，说十分钟以后就有汽车来接我。我放心了，并且很感激俄国人这样的帮助我。

饭厅的布置像俄国所有的车站饭厅一样。厅内有几盘大叶的，像赤道来的长年青，在一个角上有个临时加添的音乐台，地板不甚干净，门总是关不好。往来的人很杂：兵、工人、官吏都有，衣服不整齐，头发不梳的多。食物的好坏我不知道，我只喝了一杯咖啡：我不知道是什么东西作的。杯子好像多年没有洗过。一般的情形比莫斯科及列宁格拉差的很远。

饭厅的隔壁是候车室。那里挤满了人，出入都感困难。俄国人搭车的习惯很像我们中国人。他们也好先一两点钟就到车站去等，唯恐赶不上车，或赶上而又找不着座位。他们也好背包袱、带被毯，我不知道俄国是车辆太少，还是旅行的人太多。总之，头二等都是无空位，三等的拥挤有点像我们的兵车。

我知道俄国人不大守时刻。饭厅里的人虽告诉我只要等十分钟，我准备等二十分钟。却是等了半个钟头还没有旅行社汽车的影子。于是再得想法子。我仔细把四周的人看了一遍，想找一个可靠而且有耐心的人来帮助我。未等我开口，两位喝茶的女客向我招手，意思要我过去。我看她们的服装不像不正经的女人，就过去了。她们知道了我的俄文不能达意，有一位就同我讲德文。在谈话之中，那位能说德文的告诉我她曾在美国住过三年。从这时起，我们就讲起英文来了。以后她们两位陪我坐电车至欧罗巴旅馆去。

那位到过美国去的在电车上告诉我她原是德国人。在美国的时候，她的生活很好。因为想念她的儿子，所以她回到德国。但是在德国找不着工作，而且有别的困难——她不愿说，我想她是犹太人，或共产党，或两者兼是——她于是到俄国。她说她在俄国的景况很好，想教她儿子也来，但是不知道他能不能出来。我还没有进德国，这位就先给我尝了一点德意志滋味。

“欧罗巴旅馆”很像我们中国的旅馆。深夜里还有人开留声机。莫斯科的旅馆生火已个多月了，此地房间里还没有火。家具并不差，但侍役不知道怎样照顾。厕所的不干净有非文字所能形容的。最可笑的，厕所有守门的。客人要进去须先请他开门；一出来，他就把门锁上。我不知道他防守什么。如里面那几件破烂东西须人守着，那苏联人民的道德和经济不堪设想。如守门者的职员是禁止杂人出入，那样的厕所还有外人来使用吗？

次晨，到波兰领事馆去找签证的时候，来回有个机会看看街市的情形。道路不甚好，亦不甚坏。商店则表现十分萧条。不但货物很少，管理者似乎毫不在乎。摆在外面给人看的货物虽被尘土盖没了也没有人过问。每个店就像中国的一个小衙门，不生不死的。

门斯克是“白俄”的邦会：是苏俄西北部的政治中心。（这地所谓“白俄”（White Russia）是苏俄联邦之一）。表面看来，城市并不小。它那一般不景气的样子真令人不解。物质情形不好，人民的精神也十分散漫。他们都是过一天算一天。莫斯科的物质情形虽有不完善之处，但旅客可以看得出有个大有力的发动机在那里继续不断的发动。到了门斯克，那个机器的力量就看不见了。好像我们的新生活运动，离南昌远了，简直就运而不动了。

十二月十六日书于柏林

——选自《独立评论》第一三八号（一九三五年二月十七日北平出版）

俄德的异同

——欧游随笔之九

从斯塔林的俄国到希特勒的德国好像从北极到南极，这是我初到柏林的感想。也是一般人的观察。然而仔细一看，相异之处固多且大，相同之处亦不少，并且同中有异，异中有同，绝不是三言两句所能总结的。读者请注意：我所讲的是异同，不是优劣。论优劣，这问题更加复杂了。因为政治制度的优劣，除了客观的成绩可以作判断的标准以外，还有主观的条件。在俄国，我常听见共产党这样说："纵使我的物质景况比美国人差十倍，我还愿作苏联的国民，不愿作北美合众国的国民。"可是美国人也说："就是列宁所梦想的天堂临世，我不愿进那个天堂。我还是要作个老实的美国人，享受一个平常的美国人所能享受的权利。"所以政制的优劣绝非仅凭客观的成绩所能定的。

何况这客观的成绩是不容易测量的。

俄德两国相同最大之点是两国皆一党专政。两国皆绝对否认自由主义及国会政制。否认之理由虽不同，否认之彻底是完全一样的。共产党与国社党均不容党外有党：这是我们都知道的。这一点，两党现在完全作到了。现在他们所怕的不是党外的党，是党内的派。两党对付离"正道"的派别均用极高压的手段。德国六月三十日的案件就是派别的争执：结果，据政府发表的统计，反嫡系的人士被杀者七十余人，据谣传则远过此数。最近因启洛夫（Kirov）在列宁格拉被刺，斯塔林认此案是金罗维业夫（Zinoviev）派的反动的表现，于是这"反动派"的人员未经法庭审判而被处死刑者已过百人。一星期前，英国劳工党还向伦敦苏联使馆提出所谓"人道的抗议"。今天莫索里尼的机关报尚说莫斯科的"赤帝"（Red Tsars）的残暴已超过了历史上最残暴的"白帝"。（前不久，我在"国家档案保管处"（Reichsarchiv）读了一篇一八六一年的报告，批评咸丰十一年两太后令肃顺自尽，说那是亚洲人的野蛮（Asiatic Barbarity）。看来我们的“野蛮”比欧洲人的“文明”还文明多了。）在两国，党的“正道”均是领袖定的。俄国人怎样崇拜斯塔林，我已经报告过。德国人的崇拜希特勒完全相同。在两国，党的领袖发表的政见就是全党全国的天经地义，其权威远在我们“专制”时代的“圣旨”之上。看了这两国的情形之后，我以为我们旧日的政治不应该称“专制”。

两国在制度上虽同是一党专政，实际上人民的自由程度很有差别。在俄国，除党报官报以外，绝无别的报。这里党报虽不少，民报仍占多数，不过都受检查。德国现在正排斥犹太人，但是犹太人仍继续公开的办报，来与国社党的机关报辩论。在莫斯科，我能买的外国报纸仅《巴黎人类报》——法国共产党的机关报。这里卖报的小摊兼卖外国的报纸，共产主义的除外。我每天除德国报外，要买一份《伦敦泰晤士报》及《巴黎时报》。这两个报对国社党绝无好感，但自我到德国以来，这两报仅各被德国政府扣留了一天。俄国有个很严密的，操人民生死权的秘探部：这里似乎没有，或有而不及俄国的那样厉害。俄国的革命是大流血的，大恐怖的革命。事情虽在十余年以前，至今俄国人还没有脱离恐怖的心理和空气。其主要原故之一就是这个秘探部的存在。国社党的革命可以说是个未流血的革命：它得政权的经过始终维持法统，至少在手续上它可说它受权于民。所以在德国无须用恐怖来维持政权。

俄德两国相异最大之点是在专制的目标。俄国共产党的专政是为劳动阶级专政：目的是要建设无阶级的社会。共产党员读历史只看见阶级压迫：别的都是这个压迫的附产。所谓国家，民族就是这种附产之一。在苏联之内，一切民族都是平等的：民族的自大是党的纪律与道德所不容的。国社党的理论正与共产党的针锋相对。在德国，阶级的奋斗就是大逆不道，民族平等的学说是犹太人的玩意儿。国社党人读历史看见亚理安人（Aryan），尤其是亚理安人之中的德意志人的创造：他们以为世界的劣族专与德意志优秀民族为难。优秀的象征是勇敢，义气，人格的尊崇，及创造的能力。德意志人的职责就是团结起来为民族奋斗。

德国为什么现在大讲族国主义呢？国社党的背景是什么？我们倘不能回答这个问题，就不能了解现在的德国。因为希特勒的运动也是应时而生的，是有根源的。在理论上，这种主义并不是新的。欧战以前，西洋各国都有这种趋势，不过在德国最发达。那时候，张伯伦（Houstonste wait Chamberlain）及尼采（Nietzsche）的学说已风行德国。（现在这两人的著作在德国的销路很好。国社党的理论家Allfred Rosenberg极端推崇他们两人。）所以在欧战的时候，协约国的宣传，尤其是威尔逊的宣传，就把这种主义作为德国的罪名。英美法各国均说：他们所要打倒的不是德意志人民，是普鲁斯主义、军国主义，如德国人能自动的放弃这种主义，打倒这主义的代表人物及制度，协约国愿与德国订平等的条约，共立国际联盟，以图建设一个更光明的世界。一九一九年的《回莫尔宪法》（Weimar Constitution）果然把普鲁斯主义扫尽了，把世界上最进步的平等自由的学说都搁进去了。维尔塞条约是否因此而减轻条件呢？一点也没有。德国人的失望可想而知。

我到柏林以后不久，看见国社党不近人情的提倡族国主义，就发生疑问。所以我遇见德国知识阶级的人就谈这个问题。最好的答复是个柏林大学的学生给我的。他说：

我是个穷苦学生，对于贫富的不均我何尝不气呢？不过我们国内若有阶级革命，国力必因此减少，外人必乘机更加欺压我们。不差，那时他们不会指责我们的什么军国主义，或普鲁斯主义：他们会指责我们的共产主义，更觉得师出有名了。法国就会把莱因河左岸全占了。占了以后，法国还要说她是为西方文化奋斗。那时我们靠什么？靠谁？靠民气吗？靠革命的精神吗？我们知道现在的战争不比百年以前的拿破仑战争。现在任何气或精神抵不住飞机大炮。靠世界的无产阶级来营救我们吗？自从我们战争失败以后，近十五年所受的痛苦也就够了。我们没有看见英国或法国的劳工设法制裁他们的政府。德国政府割土地，德国的劳工就须多出力，少赚钱，德国政府还赔款，德国的劳工，连同德国其他阶级，就须少吃些，少喝些。我们尽管说我们工人只知有阶级，不知有国家，这个世界不容我们不与国家同休戚。除了培养国力以外，我们是没有出路的。

这是国社党的族国主义所以受欢迎的根本理由。共产党只知道有阶级，国社党只知有族国：这不是北极与南极之相对吗？然而仔细考察一下，异中有相同的。在德国方面，国社党有他的社会政策；在俄国方面，共产党实际亦不忘国家。结果两面相差并不如表面上看的那末远。我可以稍微加以解释。

国社党的原名：Die Nationalsozia lis tische Deutsche-arbaiterpartei “族国社会主义的德意志劳工党”。这个名词包括社会主义及劳工。希特勒常说：如族国不要劳工有阶级觉悟，族国必须消灭阶级。国社党革命以前，共产主义能在德国得一部分的势力，希特勒以为其过应由资产阶级与犹太人共负。国社党的大使命固在提高德意志人的族国自觉，但其主要方法是在使劳工爱国。自毕士麦以来，德国历代政府所立的劳工保障法，国社党当然保存。此外对于失业工人的救济，国社党不遗余力。政府以政府的财力大兴土木。荒地能垦殖的竭力移城市失业工人去垦殖。物价由政府平衡，平民必须品定价低，富民用品则定价高。到了冬天，政府负冬赈的责任，举行各种捐款。最有趣味的是工役服务（Arbeitsdienst）。各阶级的青年必须替国家作六个月的苦工。这个运动的作用甚多：其中之一就是要非劳工界的青年能了解及欣赏劳工的人生观。此外还有所谓“由乐而强”（Kraft durch Freude）的运动。党部替劳工造种种娱乐的机会，如演戏、奏乐、组织球类比赛、旅行。国社党最重国内的旅行。它的理由是：知祖国而后能爱祖国。

俄国的政治理论虽专重劳工利益，一般俄国人的生活远不及一般德国人的。其理由与主义或制度没有多大的关系。俄国人民，在西欧人的眼光里，是个落伍的民族。你如果拿俄国人来比德国人，德国人必认为是侮慢他们。这不是说，俄国没有大政治家、军事家、科学家、工程师、文人、美术家，可以与西欧的大人物相比的。俄国的上级社会早已西欧化，达到西欧的水平线：他们对于西洋文化也有不少的贡献。这是西欧所承认的，也是俄国在近代史上所以能成大强之一的主要原故。我这里所讲的是一般人民的知识、道德、技术的水平线，各种事业的中级及下级人员。在这方面，俄德相差很远。这是俄国建设的大困难。添聘外国工程师，收买外国的机器，而以政治专制的力量及国家经济的计划来推动，固能使俄国在三五年内建设一定数目的工厂、发电厂、集耕庄等。但是机器有了，驾驶机器的人，在数与质的两方面都不够，结果不外效率低，机器毁坏的多，材料浪费的多。并且共产主义的实行须要最高的责任心及公德。俄国工人应该每天作七小时的工，这算优待了，但是实际他们只作五到六小时。这些困难，德国都没有。德国人的知识和技术水平线之高恐怕是全世界之第一。他们的责任心及纪律之好尤其令人佩服。德国在战后各种艰难之中能维持较高的生活，主要原故就在这里。

同时俄国人虽讲大同，苏联政府之提倡爱国并不在他国政府之下。不差，共产党所提倡的是爱社会主义的祖国，国社党所提倡的是德意志民族的国家，但是实际上我看不出什么分别来。苏联努力军备亦不在他国之下。苏联的外交，与别国一样，全以苏联的利益为前提。用的方法也是远交近攻。苏联想避免战争：依我看来，德国也想避免战争。德国现在在军备上及外交上均不能作战。为德国计，维持和平是上策。至于一般德国人之渴望和平更不用说了。使人心不安的是国社党的理论认战争是人类进步的工具，这是德国人的傻气，也是德国人的老实。

十二月二十七日书于柏林

——选自《独立评论》第一三九号（一九三五年二月廿四日北平出版）

矛盾的欧洲

我们若以欧洲民众的意态为判断标准，欧洲是最爱和平的。开汽车的、剪发的、饭店的伙计、小商人——凡是旅客在日常生活中所遇见的人没有不祈求和平的维持，惧怕战争的临到。东自苏俄，西到法郎西，我没有遇着小百姓们不是这样的，连失业的工人都不以投军为解决失业问题的正当办法。一般的欧洲人，如同一般的中国人，忙着过日子，没有闲时余力来管国家或民族的前途或所谓百年大计。倘他们偶尔谈到国家的生命线，他们绝不以抢夺为应该的。他们的思想是为传统的道德所范围的。上次大战时期所受的杀戮痛苦及战后因战争的破坏而引起的经济痛苦至今在欧洲的民间尚有不小的潜魔力。

去冬十一月中我初到柏林的时候，柏林大学某教授请我到他家里吃便饭，当他出去接电话的时候，我就拿萨尔问题作为与他的太太谈天的资料。她对我说："你新从外国来，必定知道外国的情形，你看萨尔问题会引起战争吗？"我回答说："这正是我所要知道的。不过各国报纸的言论都是很高潮的、很紧张的。似乎在萨尔居民投票以前，偶有不慎，小冲突便会起来，并且小事很容易的变为大事。"我话尚未说完，她已经流泪了。教授回来的时候，连说："你可放心，必无事变。"这样的安慰了她，他同我作眼，意思说："战争的事，请你千万不同我太太谈。"

欧洲人民对战争是这样的畏惧，统治阶级所给我的印象就大不同了。我们如只听统治阶级的言论，那我们只听见磨刀的声音。读了一天的报纸以后，我常这样的对自己说：

这个欧洲好像一个小村，这里的国家就是村里的住户。这些住户，自清早以至深夜，所干的就是磨刀。有些磨石者好像在那里说："我这刀已磨的顶快了，比别人的都快。我应该出去砍杀。那厮张三这次逃不脱了。”有些说：“我这刀已磨快了，我可以等着他们来。他们不来则已，来则要送命。”有些说：“幸而那班傻子不知道我的刀没有磨快。我尚有些许时间。努力！努力！”有些拿着磨好的刀子，跑到街头上，当着大众说：“你们不要想这刀不快！”

英国伦敦经济及政治学院的国际关系研究教授陶恩培（Toynbee）先生可说是位“先天下之忧而忧者”。我看见欧洲各国努力于杀器的发明和改良不免心悸。遇着了他，我问说：“据你看来，在下次的大战之中，各国会不会不顾公法与人道，充分的利用各种科学所产生的杀戳工具？”他毫不踌躇的回答：“战争不过十天，所有的军器都会用到。”

欧洲人的传统政治一贯的以军备与外交相辅而行。战争就是政策的贯彻：这是欧人最崇拜的军事学家的名言。现在各国既然有积极的军备，他们自然也有积极的外交。因为整个欧洲的文化和生活有内在的矛盾，欧洲的外交也有表有里，绝非简单的事情。

先从东欧讲起。苏联近年外交最大的转变是把中心从远东移到欧洲。一两年以前，苏联虽已与日本开始谈判中东路的出让，但骨子里苏联政府仍以保存他的远东利益为其根本大政。近年因为德国的恢复及全盘德国外交的趋势，苏俄不得已把远东降为次要。把欧洲疆界升为最要。这是很自然的转变，因为欧洲的俄罗斯究比亚洲的俄罗斯要紧。有此转变，于是苏联加入国联，并恢复帝俄时代的法俄联盟。国联在苏联的眼光里素来不过是资本主义的帝国主义的把戏。可是现在苏联拥护国联之力不在英法之下。看起来，国联的盟约好像是专为苏联目前的难关所定的。在此东西均有受侵略可能的时候，盟约对于会员国领土的担保虽是道德的，正应合苏联道德的须要，至于实力的担保，苏联有他的军备和他的外交。苏联是有备无惧的。远东虽已变为次要，就是在远东，苏联亦断不至不战而退。苏联渴望和平因为和平与他有益，但苏联相信战争之害加于别国者胜过加于苏联者。他自以为他的社会是最健全的。战争的结果只有资本主义的国家可以变为共产主义，他自己不会从共产主义回到资本主义。苏联现在并不在任何外国宣传共产主义。这不是因为苏联放弃世界革命的希望，不过他以为世界革命的临到与否不在乎宣传，而在乎各国政治经济的自然趋势，战争又是这趋势的自然促进力。因此以前防共者以为不与苏俄往来是防共最好的方法，现在防共者，波兰除外，以为唯一的方法在于自己社会经济的健全化：与苏俄外交往来与防共是可并行不悖的。在苏俄方面，虽在内政上仍保持他的主义，在外交上则与一般资本主义的国家毫无分别了。他是以资本主义国家的外交方法来对付资本主义的国家。法俄联盟的成立由于俄国督促者多，由于法国督促者少。最后两国订条文的时候，苏联力求其强硬化，而法国反求其轻弱化。这与上次大战以前的法俄联盟正相反。

波兰的外交最难了解。他一面不放弃与法国的联盟，一面又却与德国很亲密。波德的接近与法俄的接近是互为因果的。波德的合作当然是对俄的。究竟两国之间订有什么密约，似无人知道。外面谣言很多。一说波德拟瓜分苏联西境，以乌克兰归波，沿波罗的海的土地归德。此说颇难讲解，因为波兰建国不久，内部问题甚多，所须要者不是扩土而是休息与培养。并且波兰倘联德以攻俄，波兰人对德军进境亦不无戒惧。所怕的是德军的有进而无退。同时波兰人也知道苏联绝无侵略波兰领土的野心，实际波兰所谓防俄不是防俄国军事的侵略，波兰所谓防俄就是防共。那末，波兰怎样怕共产主义到如此田地呢？他并不是工业的国家，国内近代式的劳工很少。似乎共产主义的宣传在波兰用不着用武之地。波兰防共的心理来自他的土地制度。欧战的前后，全欧洲普通的趋势是平均地权，实现孙中山先生所谓耕者有其地。尤其在战后，经各国的革命，均田的运动更加厉害。唯独波兰的统治阶级死守着大地主的制度，致政权不稳固。这个阶级的人以为如苏联要与他们捣乱，只要用耕者有其地这一个标语，那末，他们的政权和阶级利益均将化为乌有，所以波兰的联德政策——德国现在以世界反共的领袖自居——与其说由于外交的不得已，不如说出于内政之逼迫。

波兰人对其政府的外交政策亦不一致的拥护。反对者似乎有他们的理由，他们说：统治阶级所怕的既然是俄国将来或者会利用波兰农民的不安，正当的对付方法在于解决农民问题，不在于联德。联德并不能消灭农民的不安或农村经济的不健全。反面来说，倘波兰解决农民问题，实行耕者有其地，那就等于打预防针。预防针打好了，共产主义的病菌就不能入了。农民所要的是土地，不是共产主义。农民得了土地以后会变为防共的冲锋队。波兰反对联德的人更进一步的说：

在现在这个世界立国，国防是不可一日忽略的。所谓国防不仅限于军备，社会的健全是各国战斗力的主要成分。而社会的各阶级，从战争上看起来，最要紧的是农民。当十八世纪末年十九世纪初年，法国革命军之所以能抵抗全欧，几致征服全欧，是因为法国革命政府行了革命的土地政策，以后拿破仑又维持了这政策，法国的兵士知道战争的成败与他们田产的保存与否有密切的关系。一九一七年，俄国的兵士已万分厌恶战争，但以后列宁又能利用这些毫无纪律，厌恶战争的兵士来与白党及列强作死战而终得胜。这个缘故在那里呢？在乎列宁干脆的宣布土地是农民的，白党失败的主要原因在乎他们始终想维持地主的权利。在战争上，农民的热心与否往往是决胜负的主要因素。

由此我们可以看出国防与土地问题的密切关系。

整个的欧洲是矛盾的，方方面面都是矛盾的，其中以德国为最。一个旅客倘只注意德国人的日常生活，必感觉这个民族是世界上最可敬而又最可爱的。他们——德国人——有礼貌，好和平，老实而又勤俭，作事丝毫不苟且，喜欢音乐，尊重学术及学者。他们对生活并无奢望：衣食而外，能喝啤酒，听音乐，就心满意足。假使他们的人生观能贯彻到内政外交，太平的景象就临到了。

但国社党故意的制造极紧张的空气，要德国人不知足，鞭打他们往前进。进到哪里呢？国社党领袖心目中的目的地是个快乐园吗？这不但是德国前途的问题，而且是全人类文化前途的问题。

第一，国社党要建设一个单纯的雅里安人的德意志。国内的非雅里安人——犹太人——要排斥于德国之外，或不给他们国民的权利。同时德意志人寄居于德国主权之外者要收复到祖国的怀抱中。犹太人一小部分已逃命国外，大部分留在德国者已丧失民权且时受欺压。德国反犹太运动不能说是完全无故无理，但排斥的方法不仅不合乎人道，而且反乎德人的常性，免不了使我疑惑欧洲人究竟是文明人还是野蛮人。

国社党的工作在排斥异族方面虽几已完成，在收复国外的同胞方面则遇着非常的困难。萨尔的德人在今年的春天已回祖国，不过此外尚有奥大利，捷克，及但恩西格（Danizig），漫尔绵（Mewel）诸地的德人。就民族主义的立场而论，奥德既系同族，应该可以合并。假使奥人有自由投票的机会，他们大多数无疑的会投票主张奥德合并，他们认德人是他们的血亲。不合并，他们过的是无声无色，半生半死的日子：倘合并，他们可望光荣的重临。但是德奥的合并就是德国的膨胀，且牵连到欧洲东南的霸权问题。维尔塞条约禁止此举，法意捷苏等国亦反对此举。这是公理与强权的冲突。德奥合并的问题就是欧洲问题的象征。

此外捷克、但恩西格、漫尔绵诸地德人的收复均遇着同等的困难。列强在维尔塞条约中把这些德人所占领的区域分给德国四周的邻邦就是要灭杀德国的力量。非经过大战，德国绝不能达到目的。

第二，国社党要为雅里安人的德意志找条出路。德国既丧失了殖民地，各国又把关税提到天高，无论德人在国内怎样努力，德国的经济是不能自足的。她必须从外国输入原料，向外国输出商品。不然，她必须扩拓土地。这种趋势是战前已有的。不过现在国社党的理想出路比战前的不同。希特勒在其《我的奋斗》一书中曾具体的说明他的办法。他说上次德国之败一则由于与英国争海权，致英国偏袒法俄，二则由于德国无以安法国之心，致法国矢志倒德。他要联英。他想反俄反共就是联英的好法子：同时与英订海军协定，承认德国海军不超过英国海军百分之三十五。希特勒这种努力已得相当效果：近半年来，英国对德的舆论确已好转。对法国，希特勒亦想求相安之道。《绿迦洛条约》他始终声明遵守。萨尔问题解决以后，他就宣布此后法德之间没有土地问题了。这等于说，他不想收复亚罗二州。希特勒以为德国的出路在向欧东发展。他以反共的领袖自居：他告诉西欧人他的反共不但是求救德国，简直是救西欧文化：德国是西欧文化的前防。那末，西欧岂不应该与德国表同情？何况他不想向西欧打主意？但是向东欧发展也不是容易的事。苏俄的力量是不可轻视的。法国根本反对德国发展，无论此发展是向哪一方。英国目前虽与德国较接近，但英国亦不愿德国称霸欧陆。

德国既以反俄反共为其大政方针，她的自然联盟国是日本。下次大战的战线之长，牵动之多，可想而知。欧洲的报纸屡次登载日德联盟的密约。究竟这两国有无正式的密约或非正式的了解，我不知道。我所知道的是反共的立场上，日德两国的利害是相同的。此外德国人很想与中国作朋友，中国很能供给德国所需的原料及商场，德国在远东没有政治的野心，亦不能有政治的野心，从此方面看起来，中德的合作是互有利益的。

德国的野心和其困难，与现代的整个国际关系是互为因果的，有了维尔塞条约给德国的种种不堪的限制，及当代的各国的锁国政策（或经济的集团政策），德国于是乎不能不高调的提倡族国主义，军国主义。德国这样一来，别国又不能不加倍的防止她，德国要找出路，别国要消灭德国的危害，战争而外，只有整个的国际关系的改组，后者的希望很少，所以前途是很黑暗的。

欧洲各国之中，社会最安定，政治最保常态的要算英国，英国的外交是他国所不及，她的内政也是他国所不及。英国的统治阶级并不明确的干涉平民的生活，然而平民始终不越出统治阶级的范围之外。每逢星期日，各党派的宣传员好在公园中利用言论的自由向民众宣传他们的党义。保守党的代表所得的听众并不比劳工党的或共产党的少，有时我与失业的工人或在公园里，或在街上谈天。我初以为他们必痛恨保守党，热烈的拥护劳工党或共产党，其实不然，有一个工人这样说："关于政治经济诸复杂的问题，究竟上等社会的人比我们懂得多。"知识阶级之中有少数的人极左倾，但劳工左到劳工党已经了不得了。在英国，极左的共产党与极左的法西斯党均无希望，此中原故极多。一则英国的经济状况虽没有恢复到恐慌以前的富裕，究有了不少的恢复。二则保守党的党员深知社会经济的重要，在可能的范围内，努力改革事业。三则英国的税制确把重担放在有钱的阶级身上。我以先以为大英帝国的末日将到了，现在我看英国不但是欧洲的砥柱，简直是全世界的砥柱。

最使我有这样的信心是英国有不少的人实实在在的"先天下之忧而忧"。他们看清楚了文化与战争是势不两立的，国联的主旨与精神在英国有极忠实的信徒。劳工党拥护国联最彻底，但别党的人也拥护国联，现在英国的政客没有人敢说他不拥护国联。鲍尔温（Baldwin）改组内阁的时候为国联事务设一特别阁席。我看国联在英国不但得了超党的地位，且是一种使各党合作的原动力，问题是拥护国联到什么程度？关于有些问题是英国力所能达，且是与英国有利害关系的，英国可以拥护到极度，倘英国无能为力，英国的政治家就不大好说空话，倘问题与英国无利害关系——这样的问题很少——英国亦不得特别出力。

拥护国联以外，英国外交最大的趋势是与美国合作。美国人最怕替英国作冯妇，英国人最怕美国宪法的分权制，此外两国人的性情是大同而又小异，这点小异引起许多的误会，不过英国人除少数外认英美的对敌是英国的大不幸，无论如何必须避免，还有许多的英国人相信唯独英美的合作能救世界的文化。

关于欧洲，英国努力的目的是大局的安定，她愿意与大陆各国都作朋友，连苏联在内，凡是想反俄就能得英国的欢心者不免打错了算盘。英国对安定欧洲并无通盘的筹划，她过一个难关算一个，对于远东，英国已从消极转到积极的探试。"满洲国"她可认为"既往不咎"，只要别的条件合适，她不想排斥日本，也不会许日本排斥她，本此宗旨，她想作到哪里算哪里，无论如何，西门长外部的时代已成过去，英国政界要人之为人所厌弃莫过于西门。就是他的少数同党亦无人愿为他辩护，我同英人谈及他，他们免不了要替他道歉。

别国的经济不景气日日减轻，法国的则日日加重，她的素不健全的国会制能否渡此难关颇有问题，今春的地方选举是左边各党的胜利，时局是非常的，而国会不愿给政府非常权利，巴黎街上常有共产党与火十字团的冲突，现政府努力紧缩，目前当然不受人民的欢迎，久之能否得人民的谅解尚是问题。

法国的外交集中于一个目的——防德。她认德国在陆上的扩拓，无论向哪一方面，均不利于她。她拥护国联，因为她想利用国联来维持现状，她新近又联俄以对德，而盟约明定苏联不得援引以对日，在此条件之下，苏联尚愿签字，因为苏俄相信和平是整个的，一处的和平不能保，他处的亦不能保，如有战争发生，总是联军对联国，没有甲乙两国对打，而别国守中立。

总之，在欧洲摧残文化的势力远胜于保存文化的势力，除非整个的国际关系改造，我看不见出路，归罪于哪一国全是打笔墨官司。

——选自《独立评论》第一六五——一六六期（一九三五年八月二十五—九月一日北平出版）

政治自由与经济自由

自由主义原是十八世纪开明运动的产物，其诞生、长育，及成熟，经过长期的与封建势力对敌的奋斗，及无数次的流血革命。历十八十九两世纪，各民族的英雄几全是自由主义的提倡者。到了本世纪的初年，虽然有偏左和偏右的反对者，全世界多数人认定自由主义是文化的正宗。不仅大西洋沿岸的国家崇奉自由主义为天经地义，就是中欧的义奥德也循自由主义的路线向前进。未曾受过文艺复兴及宗教革命洗礼的俄国，居然于日俄战争后召开国会，颁布宪法。同时顽固的、号称欧亚病夫的土耳其，在青年土耳其党的领导之下，兴高采烈的接收西洋文化，其主要成分就是自由主义。文化自成系统，而且离自由主义的地域及环境极远的中国和日本，也在二十世纪初年，或筹备立宪，或已立宪，而图扩大人民自由与参政的范围。在世界各国里，政争还是有的，而且很激烈的，不过大多数人认为自由主义是正途，所争者是循这个路线的急进与缓进。

从十八世纪中叶到第一次世界大战，自由主义享受了一百六七十年的思想正统。

第一次世界大战以后，这种局势就大变了。列宁及其他苏联革命领袖对传统的自由主义展开了全面战。后来，墨索里尼和希特勒又继续不断的对自由主义加上明击暗打，日本军阀也在尾巴后面喊呐。苏德义日之间虽有共产主义与法西斯主义的大区别，及种种国家利害的大冲突，其反对自由主义，而图以国家全能主义替代之，则是一致的，而且都是不遗余力的。

以先与自由主义对敌者是封建势力。近三十年来，反对自由主义者是革命势力。我们不要忘记，墨索里尼和希特勒均以革命党自居。他们的成败得失诚有问题，但他们曾对义德两国的社会加以巨烈的改变，这是我们不能不承认的。

为什么近年的革命家要反对自由主义呢?

列宁、斯塔林、墨梭里尼、希特勒都认定自由主义是资产阶级的烟幕。在他们眼光里，自由主义不过是资本主义的变名改姓。据他们说：

一、在自由主义之下，民众纵使得着局部的政治自由，真正的经济自由是绝对得不到的。

二、在自由主义之下，富者益富，贫者益贫。

三、在自由主义之下，少数人有剩余粮食布匹及其他生活必需品，愁着无法出售，于是设法限制生产，瓜分市场，抬高市价；多数人则愁着无饭吃，无衣穿。这种过剩与穷乏面对面的矛盾是自由主义不能克服的。

四、在自由主义之下，不景气的风波一起，工厂忽然关门，已开的矿忽然停开，已种而又可种的田地忽然荒废，同时几千万的劳力者忽然失业。这种经济盛衰的循环，和这种一面生产工具失用而另一面无数生产工人失业的矛盾，也是自由主义所不能克服的。

五、在自由主义之下，尽管人民有言论自由，结社自由，信教自由；尽管人民可以选举行政和立法长官，有几个学府、教堂、报馆不是资本家的御用机关呢？法庭不是他们用以保护资产的？道德还不是他们用以控制民众的吗？

六、到了成熟的阶段，自由主义的花样更多了。富翁可以拿出一部分的不义之财，办点慈善事业，籍以表示阶级冲突的不存在。至于牢笼聪明才智之士，使自由职业者及文艺作家不能逃出金钱的网罗，这种伎俩，在资产阶级手里，已经练得绝顶聪明了。

全能主义对于自由主义的批评，不是完全凭空捏造。西洋近代史充分证明政治的自由绝对不会自然的、不费力的变为经济自由。一个民族可以享受政治的自由，而同时遭遇经济的压迫。就是在自由主义发动最早、成绩最优的英美，民众把握了政治自由以后，还须继续不断的奋斗，始能取得几成的经济自由。

不过全部人类历史，并无一点事实可以证明，政治自由是经济自由的障碍。单独政治的自由固然是不够，但是如果要说必先取消政治自由而后才能取得经济自由，这未免过于强词夺理了。

究竟政治自由与经济自由，在人类的演化中是个什么关系呢？

最近这百余年来，自由主义国家的人民，利用政治的自由，与资产阶级作长期的奋斗。他们虽然没有完全达到目的，他们确有相当的收获。

一百年以前，工作时间没有法律的限制。现在最普通的法定工作时间是每星期四十四小时，比百年以前减少了百分之三十至四十。

一百年以前，英美两国都禁止工人组织工会，把工人的同业团体看为阴谋不轨。现在工人不但能组织工会，而且在许多工厂里非工会会员不得受雇。工会已经成了英美政治上最有力的团体。

工人工资在这百年之内不但在净数上有很大的进步，而且在整个社会收益中，所占的百分比也有很大的加增。

现在工矿的卫生及安全设备，是百年前的工人所梦想不到的。现在工人的福利事业及各种社会保险，如失业保险、疾病保险、残废保险，也是百年前的工人所梦想不到的。

百年前，各国尚无所得税，更谈不到累进的税率。今天自由主义的国家所收的所得税、遗产税，及过分利得税均是各国主要的财政收入，且皆出自富有阶级。如拿这种直接税的累进率为政权评判的根据，我们几乎可以说：民主的国家虽没有执行阶级的革命，却高度的把政权分给平民了。

今天英国的工党，用自由民主的方法，取得政权，于是运用合法的政权，把英格兰银行及全英的煤矿收归国有。此刻英国的国会正辩论运输事业，包括全英的铁路，收归国有。

我们如研究英美的历史演化，我们不能不承认两点：（一）英美社会，从劳苦阶级解放方面着想，在自由主义盛行的时代中，确有长足的进步。（二）这种经济及社会的进步，得力于自由主义的民主政治不少。

今天英美的社会离理想境遇甚远，应该改良而且可以改良的地方很多。这是英美自由主义者自己所承认的。以往虽有进步，然而进步之慢及遭遇困难之多，皆足使开明分子痛心。以后资产阶级必尽力之所能以阻碍各种社会主义的设施，这也是我们所能预料的。进步的迟缓及困难，虽一部分应该归罪于富有阶级的心理，却也有其他理由。

第一，自由主义本身的不健全。在起初的时候，自由运动的对象是封建势力及武断苛虐的行政。所以十八世纪的开明政论家，都以无为而治为其政治理想。据他们看来，最好的政府是最不管事的政府。并且在十八世纪，西洋的社会还是农业社会，理论家皆重农而轻工商。至于工业革命以后，金钱势力的膨胀及其支配社会的伎俩多出于自由主义者前辈的想象之外。所以在十九世纪的前半，许多资本家借自由主义的名义，反对政府限制工作时间，反对工人组织工会，甚至于反对政府举办教育及卫生事业。

自由主义的消极解释，今天尚在英美社会中作怪。现在最普通的反对论调，就是国营事业不及私营事业效率之高。根据这个论调，资本家把国家的富源霸占，把经济的枢纽窃据，使民众依民主政治所得的权利不能充分发挥其效能。国人不察，也有坠入这种论调的陷阱中者，殊不知私营事业之浪费及失败在在皆是。何况国营方法的改善并不是一件不可能的事？

第二，许多社会优秀分子鄙视政治而想逃避现实，洁身自好。这种人生观根本是败北主义，其结果不过把政权拱手让给自私自利的野心家。

自由主义不是一条坦途。它并不能给我们一个一劳永逸的方案。不过如舍自由主义的路线，我们能循全能主义找得天堂吗？

在这篇短文里，我不预备评判全能主义。凡在全能主义政府之下生活过的更加知道自由之可贵。假使人生一切由政府统制，纵使政府是最贤明的，我们会发现为人不过是作牛马。

马克思的学说，大部分是马克思以前的进步分子、内中主要人士还是自由主义者已经宣传过的。马克思对于政治理论，是劳工阶级专政，那就是说，放弃个人的自由、政治的自由，以取得劳工阶级的经济自由。我以为近代的人类史，证明政治的自由与经济的自由是相辅而行的。我们如得其一而失其二，我们要发现生活是悲惨的。我们如双管齐下，我们的奋斗可以事半功倍。

——选自《世纪评论》第一卷第十七期（一九四七年四月二十六日）